- 基于综合实践活动的生涯教育系列丛书
- 重庆市普通高中生物学课程创新基地、北碚区普通高中生
- 重庆市普通高中教育教学改革研究重大课题（2019CQJWGZ1004）成果
- 重庆市教育学会第十届基础教育科研立项课题（XH2021A111）成果
- 重庆市首批中小学"支点"创新实验室成果

稳态调节与实验设计

总主编◎欧　健

主　编◎陈孜静　李　越

西南大学出版社
国家一级出版社　全国百佳图书出版单位

图书在版编目(CIP)数据

稳态调节与实验设计/陈孜静，李越主编.—重庆：西南大学出版社，2023.10
（附中文丛）
ISBN 978-7-5697-2001-3

Ⅰ.①稳… Ⅱ.①陈… ②李… Ⅲ.①生物课-教学研究-高中 Ⅳ.①G633.912

中国国家版本馆CIP数据核字(2023)第201920号

稳态调节与实验设计
WENTAI TIAOJIE YU SHIYAN SHEJI

主　编　陈孜静　李越

责任编辑：张　庆
责任校对：李　俊
装帧设计：闻江文化
排　　版：张　祥
出版发行：西南大学出版社（原西南师范大学出版社）
　　　　　地址：重庆市北碚区天生路2号
　　　　　邮编：400715
印　　刷：重庆市国丰印务有限责任公司
成品尺寸：185 mm×260 mm
印　　张：8.25
字　　数：152千字
版　　次：2023年10月 第1版
印　　次：2023年10月 第1次印刷
书　　号：ISBN 978-7-5697-2001-3
定　　价：23.80元

编审委员会

总顾问：宋乃庆

主　任：欧　健

副主任：刘汭雪　梁学友　黄仕友　彭红军　张　勇　徐　川
　　　　崔建萍　卓忠越　陈　铎

委　员：冯亚东　秦　耕　李海涛　李流芳　曾志新　王一波
　　　　张爱明　张万国　龙万明　涂登熬　刘芝花　常　山
　　　　范　伟　李正吉　吴丹丹　蒋邦龙　郑　举　李　越
　　　　林艳华　李朝彬　申佳鑫　杨泽新　向　颢　赵一旻
　　　　马　钊　张　宏　罗雅南　潘玉斌　秦绪宝　罗　键
　　　　付新民　张兵娟　范林佳

编写委员会

总 主 编：欧　健

本 册 主 编：陈孜静　李　越

本册副主编：马　颖　谭　鹃　杨正浩

编 写 者：陈焕霞　陈　莉　郭欣欣　胡雪婷　蒋汶洮
　　　　　赖俊昇　李　鑫　李炎栖　马　特　任志刚
　　　　　唐世杰　余　游　詹　露　郑综艺

总序一

新高考改革,出发点就是让学生拥有自主选择、自我负责的学习权。此种导向要求中学进行育人方式的变革,为学生开设生涯教育的课程,给予学生人生规划的指导,引导学生认知自己,明确自己的兴趣、性格、优势、价值取向,让学生以此为基础认识外界,更好地为自己设立生涯目标,并根据已拥有的资源规划实现目标。"遇见最美的自己"——基于综合实践活动的生涯教育系列教材,正是西南大学附属中学先于国家政策试点,通过不懈的实践探索,收获的基于综合实践活动推进生涯教育的特色研究成果。

如何通过生涯规划课程的学习引导学生学会自主选择,这一重要议题为我国教育改革与发展开拓了一个新的领域。"遇见最美的自己"——基于综合实践活动的生涯教育系列教材,从实践的角度架构了基于综合实践活动的生涯教育的基本框架,为服务于学生生成发展的育人模式的构建、学校教育品质的提升和学校实践改革的推进提供了重要启示,研究具有开拓意义。

第一,该套教材的目标定位和内容选择,是以"助学生找到人生方向"为根本宗旨,贯穿初高中,培养个体人生规划意识与技能,指导学生学会学习、学会选择,在充分认识自我和理解社会的基础上,平衡个人发展和社会发展的需求,初步设计合理的人生发展路径,促进个体生涯发展活动,提升生涯素养。

第二,教材的设计与安排,坚守"学生是学习与发展的主体"这一根本理念,不仅初高中分阶段相互衔接,进行了一体化设计,更重要的是通过活动为学生搭建主动选择的平台,以研究性学习、社区服务、社会实践、研学旅行、设计制作、职业体验等综合实践活动为载体,引导学生在活动中明确人生奋斗目标并激发生涯学习动力,而不是简单地为学生提供品类繁多的"超市商品"让学生选择。

第三，学校还开发了《传统武术奠基康勇人生》《食育与健康生活》《生物实践与创意生活》《数学视角看生活经济》《水科技与可持续发展》《乡土地理和家国情怀》等配套教材，结合校内外的学习实践和生活实践，将基于综合实践活动的生涯教育理论渗透到学科课程中，为学生生涯发展提供重要教育平台和资源，弥补学生社会经历缺乏、生活经验不足、实践体验机会太少等生涯教育短板，促进生涯教育过程性和动态性发展。主体教材和辅助教材相辅相助，将生涯教育和综合实践活动有效融合，让学生在沉浸式的体验中感知自己、认知职业、畅想未来。

第四，教材贴近学生，语言平实生动，联系初高中生活学习实际，通俗易懂；图文并茂，既有趣味的活动设计，又有学生实践的光影记录，观之可亲。学生可从课堂内的探索活动、课堂外的校本实践中深刻体验生涯力量，还可在教师的引导下从活动链接中习得生涯领域的重要概念及理论，为未来的生涯发展做好积累。

总体而言，整套教材以综合实践活动为基础，融入学科课程和劳动教育，以提升学生生涯规划能力为目的，不断强化适合生涯发展的认知能力、合作能力、创新能力、职业能力，力图帮助学生适应并服务于社会，获得终身学习、终身幸福的能力。

教书育人在细微处，学生成长在实践中。本套教材的出版，将丰富生涯教育的承载形式，为中小学开展并落实基于综合实践活动的生涯教育提供可借鉴的案例，有效加强中学生生涯教育，促进学生全面发展、终身发展和个性发展。希望广大学生也可以像西大附中学生一样"在最适合的时候遇到最美的自己"，希望更多的学校像西大附中一样"为学生一生的生涯幸福奠基，让他们成长为自己满意的样子"。

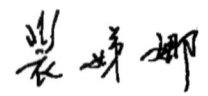

裴娣娜

（北京师范大学资深教授，博士生导师，当代教育名家，
中国课程与教学论领军人物，全国教学论专业委员会主任）

总序二

寒来暑往,西南大学附属中学在生涯教育这片热土上已躬耕二十余年。多年实践让我们相信,学校的课程、活动、校本教材都应回到问题的原点:什么是教育?

教育,是将自然人培养成社会人的过程,是帮助每一个孩子认识自己、发现自己,让他既能成长为自己心中最美的样子,又能符合国家、社会对人才的需求。

因此,我们希望实现这样一种生涯教育:让学生有智慧地参与综合实践活动,从活动中生发智慧;让学生有德性地参与综合实践活动,在活动中完善德性;让学生带着对美的追求参与到活动中,在活动中提升创造美的能力。一个拥有智慧与德性、能够欣赏美创造美的个体,定然能够在瞬息万变的世界里立定脚跟,也能够在喧喧嚷嚷中细心呵护一枝蔷薇。

秉持这样的理念,我们编写了"遇见最美的自己"——基于综合实践活动的生涯教育系列教材,着力帮助学生更好地适应未来不同阶段的身份、角色。希望学习此书的孩子们,不必因为不懂自己、不明环境、不会选择而错失遇见最美自己的机会。请打开这些书,热情地投入到探索活动中,感知自己的心跳起伏,喜恶悲欣;细细品读每个生涯故事,观察他人的生活,触碰更多可能;更要在校本实践中交流碰撞,磨砺成长……这些书将是孩子们生涯成长路上的小伙伴,陪在身旁,给予力量。希望大家从此学会学习,学会选择,学会生活。

基于综合实践活动的生涯教育是为幸福人生奠基的教育。我相信,当每一个个体恰如其分地成长为自己所喜欢的样子,拥有人生幸福的能力,就同样能为他人带来幸福,为社会创造福祉,为国家幸福而不断奋斗!

欧健

(教育博士,正高级教师,西南大学附属中学党委书记、校长)

前言

PREFACE

生物学是自然科学中的一门基础学科,是研究生命现象和生命活动规律的科学。《普通高中生物学课程标准(2017年版 2020年修订)》中明确指出,高中生物学课程是科学领域的重要学科课程之一,它既要让学生获得基础的生物学知识,又要让学生领悟生物学家在研究过程中所持有的观点以及解决问题的思路和方法。此外还要求学生在亲历提出问题、获取信息、寻找证据、检验假设、发现规律等过程中习得生物学知识,养成科学思考的习惯,形成积极的科学态度,发展终身学习及创新实践能力。

为了让学生在习得知识的同时,加深对生物学概念的理解,提升应用知识的能力,落实"科学思维""科学探究"等素养要求,我们编写了本书。

本书根植于现有课程内容,立足于教材已有实验,力求通过挖掘教材中隐藏的实验、拓展相关科学前沿知识等方式,拓宽学生视野,发展思维能力,链接社会,于潜移默化中落实课程育人要求。

本书内容包括人体的内环境与稳态、人和动物生命活动的调节、植物的激素调节等。本书从分子、细胞、器官水平的稳态入手,教会学生针对特定的生物学现象进行观察、提问、设计实验、制定实施方案。一体化的分析路径有助于学生理解高等生物个体生命活动的规律,从系统分析的角度,认识个体生命系统的稳态,更有助于学生理解健康生活方式对于维持人体内环境的稳态、疾病预防的意义,促使学生认同健康文明的生活方式。

目录

实验 1	探究人体血浆pH的相对稳定是由于血浆中存在缓冲物质		001
实验 2	探究人成熟红细胞在不同溶液中的溶血情况		004
实验 3	给羊羔设计"人造子宫"		007
实验 4	探究竞技运动对运动员生化指标的影响		011
实验 5	探究反射弧中传入神经与传出神经的位置		014
实验 6	验证兴奋在神经纤维上传导及在突触处传递的情况		017
实验 7	探究RNA对海蜗牛记忆的影响		021
实验 8	探究缺乏多巴胺对帕金森综合征的影响		024
实验 9	验证GH可通过IGF-1促进软骨细胞生长		028
实验 10	验证胰腺分泌活动的调节方式除神经调节外还存在化学调节		031
实验 11	探究小白鼠注射TSH后下丘脑分泌TRH减少的原因		035
实验 12	验证睾丸具有分泌雄性激素(睾酮)的功能		038

实验 13	探究双酚A对雄性小白鼠睾酮分泌及运动能力的影响	041
实验 14	模拟人工胰岛调节血糖的过程	045
实验 15	探究水盐平衡调节过程中神经调节和体液调节的关系	048
实验 16	探究CO_2感受器是否位于哺乳动物躯体的动脉管壁上	051
实验 17	探究降糖消脂汤对2型糖尿病的降血糖效果	054
实验 18	探究不同因素对家兔尿量的影响	057
实验 19	验证关于免疫机理存在的克隆选择学说	061
实验 20	探究肿瘤治疗过程中哪类T细胞发挥了主要作用	064
实验 21	关于植物生长素的系列实验	067
实验 22	探究植物生长素的极性运输	076
实验 23	探究植物向光生长的原理	079
实验 24	顶端优势及解除顶端优势	083
实验 25	设计实验证明脱落酸浓度降低可解除对小麦种子萌发的抑制	086
实验 26	探究使用除草剂的最适浓度	089
实验 27	验证大豆的矮化特性与赤霉素的含量有关	093
实验 28	探究赤霉素和生长素类似物对脱落酸促进叶片脱落作用的影响	096
实验 29	赤霉素、细胞分裂素、生长素对豌豆侧芽的生长影响	099
实验 30	探究干旱时植物是否存在信息交流	103

试题1:抗体 ·· 106

试题2:验证PD-1/PD-L1免疫疗法具有治疗肿瘤的效果 ············· 109

试题3:膜片钳技术 ·· 111

试题4:脑科学 ··· 113

试题5:探究药物A能否通过激活T细胞发挥对脑肿瘤的治疗作用 ············· 115

实验 1

探究人体血浆pH的相对稳定是由于血浆中存在缓冲物质

一、实验分析

人和动物吃的食物在代谢后会产生一些酸性或碱性物质,这些酸性或碱性物质进入内环境会使机体的pH发生偏移。但一般情况下,机体的pH都稳定在一定范围内。研究表明,血浆的pH之所以能够保持稳定,是因为它含有HCO_3^-、HPO_4^{2-}等离子。本实验就是为了探究血浆维持酸碱度是否真的是由于其中存在缓冲物质。

要想探究血浆维持酸碱度的原理,就需要设置对照组。一组用蒸馏水进行空白对照,测出在没有缓冲物质的情况下加入酸性或碱性物质后溶液的pH;再设置一组加缓冲物质的实验组和一组加血浆的实验组,比较两组在加了等量酸性或碱性物质后,其pH变化是否相似,如果均无明显变化,说明血浆能维持酸碱度的确是由于其中含有缓冲物质。

二、实验原理

血浆是人体内环境的重要成分,人体血浆的pH正常范围为7.35~7.45。

三、实验准备

适量的家兔血浆,蒸馏水,事先配制的缓冲液(含Na_2HPO_4、KH_2PO_4的溶液,pH=7),试管,pH试纸,Na_2CO_3溶液,乳酸溶液(模拟人体内缓冲物质所调节的主要物质)等。

四、实验步骤

1. 设 A、B 两个实验组,每组取 3 支试管。

2. 先向 A 组中的 3 支试管分别加入等量蒸馏水、缓冲液、家兔血浆,再依次滴入等量的乳酸溶液,然后测量 pH 并记录。

3. 先向 B 组中的 3 支试管分别加入等量蒸馏水、缓冲液、家兔血浆,再依次滴入等量的 Na_2CO_3 溶液,然后测量 pH 并记录。

4. 比较每支试管的 pH 变化情况。

五、实验结果

实验组		试剂 1	试剂 2	试管中的实验现象
A 组	1 号	蒸馏水	乳酸溶液	pH 变化明显
	2 号	缓冲液		pH 变化不明显
	3 号	家兔血浆		pH 变化不明显
B 组	1 号	蒸馏水	Na_2CO_3 溶液	pH 变化明显
	2 号	缓冲液		pH 变化不明显
	3 号	家兔血浆		pH 变化不明显

分析

在 A 组和 B 组中,1 号试管均加入的是蒸馏水,无缓冲物质,pH 变化明显;2 号试管均加入了缓冲液,可与酸性或碱性物质发生反应,使 pH 变化不明显;3 号试管均加入了家兔血浆,其 pH 变化和 2 号试管一样不明显,说明血浆中应该存在缓冲物质。

类比推理所得结果,一定正确吗?

为使结论更严谨,还需进行后续实验。可以通过减法原理去除相关物质后再继续进行实验。

六、实验结论

血浆 pH 的相对稳定是由于血浆中存在缓冲物质。

> **拓展**
>
> "酸碱体质理论"认为：人如果要保持健康，就需要多摄入碱性食物。这个观点是没有科学依据的。食物虽然有酸碱性之分，但根据内环境的稳态相关知识，普通食物不可能引起内环境酸碱度的较大变化。这是因为人体内环境中有很多缓冲对，当一定量的酸性或碱性物质进入后，内环境的pH仍能维持在一定范围内。若日常饮食过多摄入碱性食物，将可能导致人营养失衡，由此会引发更多的疾病。

七、命题意图

本实验对应《普通高中生物学课程标准（2017年版2020年修订）》（后文简称《课标》）内容要求1.2.1：以血糖、体温、pH和渗透压等为例，阐明机体通过调节作用保持内环境的相对稳定，以保证机体的正常生命活动。

本实验能帮助学生掌握内环境的理化性质，以及血浆pH保持相对稳定的原理。

实验 2

探究人成熟红细胞在不同溶液中的溶血情况

一、实验分析

本实验选择人成熟红细胞为实验材料的原因是什么？

> **提示**
>
> 人成熟红细胞没有细胞核，导致其缺乏一个贯穿细胞膜与细胞核之间的细胞骨架系统；而其他细胞因为有细胞核，所以其细胞膜与细胞骨架的成分可以相互结合，从而使这些细胞的细胞膜对低渗溶液的抵抗力大大增强。在低渗溶液中，这些有核细胞也会吸水膨胀，在显微镜下可以观察到细胞体积显著增大，但很难像人成熟红细胞那样在短时间内涨破。故本实验选择人成熟红细胞为实验材料。

二、实验原理

在正常状态下，人成熟红细胞内的渗透压与血浆渗透压大致相等，这有利于保持红细胞的形态。若把人成熟红细胞置于等渗溶液中，红细胞能保持正常的大小和形态；若把人成熟红细胞置于高渗溶液中，红细胞会因失水而皱缩；若把人成熟红细胞置于低渗溶液中，红细胞会因吸水膨胀变成球形，甚至破裂，使得细胞内血红蛋白释放到溶液中，导致溶液变成红色透明的液体，这种现象称为"溶血"。

三、实验准备

人成熟红细胞稀释液（其中红细胞形态正常），与人成熟红细胞稀释液等渗的$NaCl$、NH_4Cl、NH_4Ac（醋酸氨）、$NaNO_3$溶液，蒸馏水，试管等。

四、实验步骤

1. 将若干试管均分成5组，每组设置多个重复样品。
2. 在蒸馏水和4种等渗溶液中分别加入等量的人成熟红细胞稀释液，观察并记录从加入人成熟红细胞稀释液开始到试管液体变成红色透明液体的时间。
3. 统计并分析所得数据。

五、实验结果

物质	蒸馏水	等渗溶液			
		$NaCl$	NH_4Cl	NH_4Ac	$NaNO_3$
溶血时间/min	1	不溶血	9.67	7.65	不溶血

分析

人成熟红细胞在蒸馏水中很快发生溶血，在$NaCl$、$NaNO_3$这两种等渗溶液中不发生溶血，而在NH_4Cl、NH_4Ac这两种等渗溶液中会发生溶血。由以上可知，人成熟红细胞在不同的等渗溶液中的溶血情况不一样，部分等渗溶液会导致其溶血。

推测在NH_4Cl、NH_4Ac这两种等渗溶液中，发生溶血的原因是其中的NH_4^+可以进入红细胞，从而引起红细胞内渗透压增大，外界溶液渗透压就会相对较低，导致水分从外界进入红细胞中，使红细胞吸水涨破。

六、实验结论

实验表明，在含NH_4^+的等渗溶液中，人成熟红细胞仍会溶血。发生溶血的原因是：人成熟红细胞对NH_4^+的通透性大于对Na^+的通透性，NH_4^+会进入红细胞，引起细胞内渗透压增大，从而使大量水分进入红细胞，导致红细胞涨破。

> **拓展**
>
> 　　当人成熟红细胞在0.45%的NaCl溶液中时，有部分红细胞开始破裂，即上层液体呈微红色；当人成熟红细胞在0.3%或更低的NaCl溶液中时，全部红细胞破裂。因此，临床上以0.3%~0.45%的NaCl溶液为正常人体红细胞的脆性（也称抵抗力）范围。如果红细胞放在高于0.45%的NaCl溶液中时出现破裂，表明红细胞的脆性大，抵抗力小；相反，放在低于0.3%的NaCl溶液中时出现破裂，表明红细胞的脆性小，抵抗力大。

七、命题意图

　　本实验对应细胞吸水和失水的有关知识，不仅要求学生能掌握实验设计的一般原则，还要求学生能对材料进行合理选择，用表格统计实验结果，最后能够根据表格数据对实验现象进行合理分析，确定红细胞的细胞膜对不同离子的通透性，同时能够解释细胞溶血的原因。

实验 3

给羊羔设计"人造子宫"

一、实验分析

1. 组成人躯体的绝大多数细胞没有直接与外界环境接触，不能直接与外界环境进行物质交换。这些细胞直接生活的环境是什么呢？

> **提示**
>
> 不论男性还是女性，体内都含有大量以水为基础的液体，这些液体统称为体液。体液中除含有大量的水以外，还含有许多离子和化合物。其中细胞外液叫内环境，也就是细胞直接生活的环境。

2. 假如将人身体的一个细胞或一块组织拿到体外，且不提供特殊的环境条件，那么它很快就会死亡，而在内环境中的体内细胞却能正常生活。内环境与外界环境有哪些差别呢？

> **提示**
>
> 内环境从组成成分上来说是一种盐溶液，类似于海水。这在一定程度上反映了生命起源于海洋。除此之外，内环境还有适合细胞生活的理化性质，如：在37 ℃时，人的血浆渗透压约为770 kPa，相当于细胞内液的渗透压。

3.胚胎的早期培养指什么过程？

> **提示**
> 精子与卵子在体外受精后,应将受精卵移入发育培养液中继续培养,以检查受精状况和受精卵的发育能力。

4.哺乳动物的胚胎的培养液成分有哪些呢？

> **提示**
> 哺乳动物的胚胎的培养液成分一般都比较复杂,除一些无机盐和有机盐外,还需添加维生素、激素、氨基酸、核苷酸等营养成分,以及血清等物质。

二、实验原理

内环境稳态的实质是内环境组成成分及体内渗透压、温度、pH等理化性质呈现动态平衡的过程。羊羔在"人造子宫"内能正常发育,是由于"人造子宫"的环境适合其生存。从内环境理化性质的角度分析："人造子宫"具备合适的渗透压、温度、pH等；从内环境组成成分的角度分析:充满电解质的生物袋模拟羊的子宫环境,羊羔能从里面获取所需的营养物质并且能将自身产生的代谢废物通过该系统排出去。

三、实验准备

生物袋、机器胎盘、电解质溶液等。

四、实验步骤

1.用特殊材质制成的一种生物袋模拟子宫壁。

2.在生物袋内装入"羊水",为早产羊羔生存提供适宜的液体环境。该"羊水"模拟羊的子宫中的羊水成分和含量,除水和电解质外,包括多种可以促进羊羔生长的营养物质和生长因子(如蛋白质、糖类、脂肪等),也包括抗生素、尿素等。

3.在"人造子宫"上连接专门管道,每天注入定量的电解质溶液,以确保"羊水"得到更新。

4.在"人造子宫"外部配置机器胎盘,与早产羊羔的脐带连通。早产羊羔通过机器胎盘获得养料和排出代谢废物,从而保持羊羔内环境的稳定:含有养料和O_2的新鲜血液源源不断输送到羊羔体内,羊羔的心脏也将较多含有CO_2和其他代谢废物的血液挤压到机器胎盘中,后者将血液更新之后再回输到羊羔体内。

五、实验结果

羊羔在"人造子宫"中待了4周后足月,经身体检查后发现,其与在母羊子宫中待到足月出生的小羊一样健康。

> **分析**
>
> "人造子宫"具备合适的渗透压、温度、pH等,且充满电解质的生物袋提供了羊羔生存所需的营养物质,并将羊羔产生的代谢废物通过该系统排出去。

六、实验结论

实验装置相当于一个简单的"孵化器",可以在孕育的最后阶段,发挥子宫的部分功能,提高早产的存活概率。但是依据现有技术,并不足以支撑整个生育过程。

> **拓展**
>
> 张键、阮长顺、赵华山等人曾申请发明专利:3D打印人造子宫内膜及其制备方法和应用。该专利公开了一种人造子宫内膜,包括生物相容性支架、子宫内膜基质细胞、上皮细胞以及混合培养液。该发明的混合培养液由培养基和生物激素制成,生物相容性支架以3D打印方式制成。该发明的人造子宫内膜可作为针对人造子宫内膜相关疾病的病理生理机制研究工具,也可作为针对调控和影响胚胎着床过程的相关因子的筛选模型,还可作为某些因素引起的子宫内膜病变的直接或间接相关疾病的预防或治疗研究工具。

七、命题意图

本实验旨在考查内环境的相关知识,要求学生识记内环境的组成,掌握内环境稳态的含义及内环境的理化性质,同时能结合所学的知识设计"人造子宫"。

实验 4

探究竞技运动对运动员生化指标的影响

一、实验分析

1.血浆中每种成分的参考值(即正常值)都有一个变化范围,而不是一个定值,这说明了什么?

提示

说明内环境的稳态是相对的,处于动态平衡之中,内环境稳态表现为一种动态平衡。

2.血检中的血红蛋白分布在什么细胞中,主要有什么功能?

提示

血红蛋白位于红细胞内,其主要功能是负责携氧气转运。

3.运动员在剧烈运动过程中,肌肉细胞主要进行哪种呼吸?剧烈运动时运动员身体里会有哪些变化?

提示

运动员在剧烈运动过程中,肌肉细胞主要进行有氧呼吸,同时伴随着无氧呼吸。无氧呼吸会产生一定量的乳酸,并释放到内环境中,血浆中的缓冲物质 $NaHCO_3$ 可与乳酸结合形成乳酸钠和碳酸,乳酸钠可通过肾脏排出体外,而碳酸分解形成的 CO_2 可通过呼吸系统排出,从而使机体维持内环境稳态。

二、实验原理

血红蛋白的升高和降低可参考红细胞升高与降低的临床意义。

肌酸激酶主要存在于细胞质和线粒体中,是一个与细胞内能量运转、肌肉收缩、ATP再生有直接关系的重要激酶。肌酸激酶活性测定可以用于骨骼肌疾病及心肌疾病的诊断。

血尿素氮是血浆中除蛋白质以外的一种含氮化合物,它从肾小球滤过而排出体外。在肾功能不全时,血尿素氮将升高,所以临床将其作为判断肾小球滤过功能的指标。

三、实验准备

5名男子体操运动员,检测仪器等。

四、实验步骤

选取5名男子体操运动员,在冬训前对其开始进行跟踪测试,连续监测11周,监测的生化指标包括血红蛋白、血尿素氮、肌酸激酶。

五、实验结果

时间	血红蛋白(g/L)	血尿素氮(mmol/L)	肌酸激酶(U/L)
冬训前	159.4±9.18	5.37±0.88	205.4±94.89
冬训1周	143.2±6.53*	4.78±1	232.2±83.93
冬训3周	144.6±3.51*	4.61±0.62	416.8±146.1*
冬训5周	161.8±7.19	3.24±0.32**	281.2±135.5
冬训7周	157±3.81	5.23±0.72	494.6±173**
冬训9周	161.67±8.5	5.79±1.56	282.67±124.5
冬训11周	170.6±3.64**	3.29±0.74**	298.2±152.27

(与冬训前比较,*表示显著性差异 $p < 0.05$;**表示显著性差异 $p < 0.01$)

分析

在运动过程中血红蛋白负责携氧气转运,对运动负荷、环境、营养等诸多因素敏感。血红蛋白是反映运动员营养状况和运动能力的敏感指标之一。

正常状态下,血清内的肌酸激酶含量较低,运动后血清内的肌酸激酶会脱离肌细胞进入血液,因此该指标被认为与相关组织和系统的损伤有关。研究表明运动后血清内的肌酸激酶含量会显著升高,如果肌酸激酶含量恢复到常规数值的速度快,则说明机体对训练负荷的适应能力比较强。

六、实验结论

实验表明,男子体操运动员经过多年的专业训练,其机体适应调节能力较强。另外,经过冬训的系统化训练后,其血红蛋白显著升高,血尿素氮显著降低。

拓展

在第四届黄河石林山地马拉松百公里越野赛中,参赛人员因受气温骤降等突变极端天气影响,而出现失温、身体不适等情况。这是因为人体维持稳态的调节能力是有一定限度的,人如果长时间处于极端天气下,机体的调节功能就会出现障碍,内环境稳态就会遭到破坏。

七、命题意图

本实验旨在考查内环境稳态调节的相关知识,同时考查学生在新情境下对稳态调节的理解能力。

实验 5

探究反射弧中传入神经与传出神经的位置

一、实验分析

在实际操作中我们能通过解剖神经的位置找出背根与腹根,但不清楚它们与反射弧中的传入神经和传出神经是否存在对应关系,这就需要我们利用传入神经和传出神经的功能差异进行区分。

实验的自变量是有无背根或腹根,因变量是效应器是否有应答。

二、实验原理

通过剪断脊神经根的背根或腹根,分别电刺激外周段和向中段,观察同侧后肢的伸缩情况来判断背根与腹根的功能。反射弧完整时,电刺激蛙的每对脊神经根的背根或腹根,均能引起同一侧后肢发生伸缩。若剪断蛙传入神经的中央,当电刺激向中段时,同一侧后肢会发生伸缩;当电刺激外周段时,同一侧后肢不会发生伸缩。若剪断蛙传出神经的中央,当电刺激向中段时,同一侧后肢不会发生伸缩;当电刺激外周段时,同一侧后肢会发生伸缩。(图5-1,图5-2)

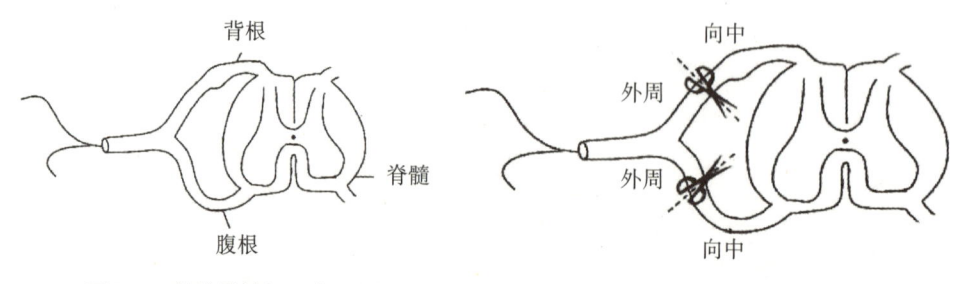

图5-1 蛙的脊神经示意图(1)　　图5-2 蛙的脊神经示意图(2)

三、实验准备

脊蛙(脑被损毁的蛙,其余结构正常,这样可消除脑对脊髓反射的控制),电刺激装置,任氏液(两栖动物的生理盐水)等。

四、实验步骤

先制作脊蛙,再打开脊蛙的脊椎骨,然后剥离出脊髓一侧相近的两对脊神经根(每对脊神经根包含一个背根和一个腹根),接着分别电刺激每对脊神经根的背根和腹根,检验是否引起蛙同一侧后肢伸缩,最后选出无论刺激背根还是腹根都能引起同一侧后肢伸缩的脊蛙待用。实验过程如下。

第一步:剪断一对脊神经根的背根中央,材料浸润在任氏液中,保持细胞的活性。

第二步:电刺激该脊神经根的背根向中段,观察蛙同一侧后肢是否伸缩,并记录。

第三步:再电刺激该脊神经根的背根外周段,观察蛙同一侧后肢是否伸缩,并记录。

第四步:剪断另一对脊神经根的腹根中央,然后分别电刺激腹根向中段、外周段,观察蛙同一侧后肢是否伸缩,并记录。

五、实验结果

1.第一、二、三步处理后,电刺激背根向中段,蛙同一侧后肢伸缩;电刺激背根外周段,蛙同一侧后肢不伸缩。

2.第四步处理后,电刺激腹根向中段,蛙同一侧后肢不伸缩;电刺激腹根外周段,蛙同一侧后肢伸缩。

> **分析**
>
> 后肢反射弧:感受器→传入神经→神经中枢→传出神经→后肢效应器。在传入神经处剪断,电刺激向中段,兴奋能传到后肢;电刺激外周段,兴奋不能传到后肢。在传出神经处剪断,电刺激向中段,兴奋不能传到后肢;电刺激外周段,兴奋能传到后肢。实验结果:背根有传入功能,腹根有传出功能。

六、实验结论

背根中的神经是传入神经,腹根中的神经是传出神经。

> **拓展**
>
> 　　如果实验材料中的电刺激装置替换成能刺激蛙皮肤的1%的硫酸溶液,同时增加灵敏电流表为检测装置,请预测实验结果。
>
> **分析**
>
> 　　此时提供刺激的是1%的硫酸溶液,刺激部位为蛙的皮肤。剪断背根或腹根后,反射弧都受损,硫酸刺激下后肢都不伸缩,因此不能以后肢的运动反应作为观察指标。剪断背根或腹根后,根据提供的材料,应以灵敏电流表的指针偏转作为新的观察指标。将灵敏电流表连接在断口一侧(外周段和向中段),若外周段的电流表有指针偏转而向中段无,则该断口在传入神经上;反之,断口在传出神经上。
>
> **预测结果**
>
> 　　1. 1%的硫酸溶液刺激蛙的皮肤后,背根的外周段电流表指针有偏转,背根的向中段电流表指针无偏转。
>
> 　　2. 1%的硫酸溶液刺激蛙的皮肤后,腹根的向中段电流表指针有偏转,腹根的外周段电流表指针无偏转。

七、命题意图

　　本实验对应《课标》内容要求1.3:神经系统能够及时感知机体内、外环境的变化,并作出反应调控各器官、系统的活动;《课标》内容要求1.3.1:概述神经调节的基本方式是反射(可分为条件反射和非条件反射),其结构基础是反射弧。

　　本实验旨在考查反射弧结构及兴奋传递的相关知识,同时要求学生能通过比较、分析与综合等方法对背根、腹根的功能进行解释、预测,并得出正确结论。

验证兴奋在神经纤维上传导及在突触处传递的情况

一、实验分析

本实验的自变量是反射弧中的神经纤维的完整性或有无突触,因变量是灵敏电流计的偏转情况,借助的检测工具一般为灵敏电流计。

二、实验原理

静息状态时,神经细胞膜对钾离子的通透性大,钾离子大量外流,形成内负外正的静息电位;受到刺激后,神经细胞膜对钾离子通透性变小,对钠离子的通透性增大,钠离子大量内流,形成内正外负的动作电位。因此,神经纤维上兴奋部位与相邻未兴奋部位之间的电位差使兴奋以局部电流的形式在神经纤维上传导,传导速度快,且具有双向性。神经递质只存在于突触小泡中,只能由突触前膜释放,然后作用于突触后膜上,因此神经元之间兴奋的传递速度缓慢且具有单向性。

三、实验准备

灵敏电流计,剥离自脊蛙的反射弧,任氏液(两栖动物的生理盐水)等。

四、实验步骤

将制作好的脊蛙的反射弧浸润在任氏液中,然后按如图6-1所示连接灵敏电流计,图中c点位于灵敏电流计①两条接线的中点,且$X=Y$。

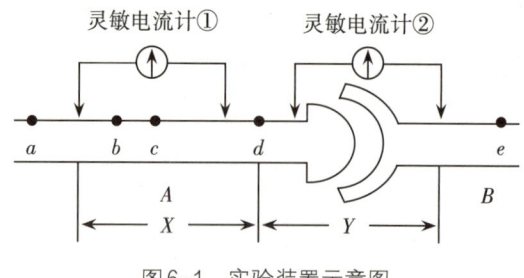

图 6-1 实验装置示意图

1.验证兴奋在神经纤维上可以双向传导。实验设计如下。

刺激 b 点,观察灵敏电流计①指针的偏转次数和方向。

2.验证兴奋在突触处只能单向传递。实验设计如下。

(1)刺激 d 点,观察灵敏电流计②指针的偏转次数和方向。

(2)刺激 e 点,观察灵敏电流计②指针的偏转次数和方向。

3.验证兴奋在神经纤维上的传导速度比在突触处的传递速度快。实验设计如下。

刺激 d 点,观察灵敏电流计①和②指针完成两次偏转的先后次序。

五、实验结果

1.灵敏电流计①指针将发生2次方向相反的偏转。

2.(1)刺激 d 点后,灵敏电流计②指针发生2次方向相反的偏转,说明兴奋可以从 A 传到 B。

(2)刺激 e 点后,灵敏电流计②指针偏转1次,说明兴奋不能从 B 传到 A。

3.刺激 d 点后,灵敏电流计①比灵敏电流计②先完成两次偏转。

分析

1.验证兴奋在神经纤维上可以双向传导,最好利用灵敏电流计①。由于 c 点位于灵敏电流计①两个接头的中点,兴奋双向传导的现象与不能传导的现象相同,因此实验不能刺激 c 点。另外刺激 a、d、e 点后观察灵敏电流计①不能体现双向传导,所以只能刺激 b 点。b 点产生的兴奋先传到灵敏电流计①左接头,此时左接头膜外为负电位,右接头膜外为正电位,所以左右接头之间形成电流,电流沿导线由正极流向负极,灵敏电流计①指针向左偏转;当兴奋传到灵敏电流计①右接头时,右接头膜外变为负电位,左接头膜外已恢复为正电位,所以左右接头之间又形成与之前相反的电流,电流计指针向右偏转。因此刺激 b 点后,灵敏电流计①发生2次方向相反的偏转能反映出 b 点的兴奋向左向右传到了灵敏电流计①的左右两个接头。

2.验证兴奋在突触处只能单向传递,只能利用灵敏电流计②。分别刺激灵敏电流计②的左右接头所在的神经纤维,观察灵敏电流计②指针的偏转次数。当刺激d(或a或b或c)点时,兴奋能从突触前膜传递到突触后膜,兴奋会从灵敏电流计②左接头传到灵敏电流计②右接头,灵敏电流计②指针会发生两次偏转;当刺激e点时,兴奋不能从突触后膜传递到突触前膜,兴奋能传到灵敏电流计②右接头,但无法再传到灵敏电流计②左接头,此时灵敏电流计②指针只偏转1次。因此刺激d(或a或b或c)点与刺激e点时,灵敏电流计②发生偏转的次数不同能反映兴奋在突触处只能单向传递。

3.验证兴奋在神经纤维上的传导速度比在突触处的传递速度快,必须同时利用灵敏电流计①和②。因为两个灵敏电流计的左右接头是关于d点对称的,所以当刺激d点时,兴奋会先沿神经纤维同时传到两个灵敏电流计离刺激处最近的接头处。又因为兴奋在突触上的传递速度远小于在神经纤维上的传导速度,所以兴奋先传到灵敏电流计①远离刺激处的接头处,再传到灵敏电流计②远离刺激处的接头处。因此,灵敏电流计①比灵敏电流计②提前完成两次偏转能反映兴奋在神经纤维上的传导速度比在突触处的传递速度快。

六、实验结论

兴奋在神经纤维上可以双向传导,在突触处只能单向传递,且兴奋在神经纤维上的传导速度比在突触处的传递速度快。

拓展

要验证上述结论,电刺激的位置还可以做哪些尝试?预期的结果分别是什么?
提示

1.验证兴奋在神经纤维上可以双向传导时,除刺激b点外,还可刺激e点,观察灵敏电流计②指针的偏转和效应器的应答;或者刺激d点,观察灵敏电流计①和②指针的偏转。

2.验证兴奋在突触处只能单向传递时,除刺激 d、e 点外,还可将刺激 d 点替换为刺激 a、b、c 点,观察灵敏电流计②指针的偏转次数和方向。

3.验证兴奋在神经纤维上的传导速度比在突触处的传递速度快时,由于必须借助 $X=Y$ 这一特殊距离,所以电刺激位置只能选 d 点。

七、命题意图

本实验对应《课标》内容要求 1.3.2:阐明神经细胞膜内外在静息状态具有电位差,受到外界刺激后形成动作电位,并沿神经纤维传导;《课标》内容要求 1.3.3:阐明神经冲动在突触处的传递通常通过化学传递方式完成。

本实验旨在考查学生对神经冲动的产生、传导的理解和掌握情况。

探究RNA对海蜗牛记忆的影响

实验 7

一、实验分析

本实验的实验目的是什么？自变量是什么？因变量是什么？怎样检测因变量呢？

提示

实验目的：探究RNA对海蜗牛记忆的影响。

自变量：海蜗牛是否进行了电击。

因变量：海蜗牛的防御反应。

检测指标：海蜗牛保持防御姿态的时间。

二、实验原理

最新研究发现，人们在失忆后可以借助"启动组件"来恢复。目前，这种"启动组件"仍然是未知的，但该过程很可能涉及表观遗传，且有大量RNA的参与。另外，RNA也会参与形成长期记忆的过程。

海蜗牛的神经元比脊椎动物等高等生物的神经元大10~15倍，而其神经网络相对较小，这样人们就能很容易对记忆形成过程中的信号传导进行检测。此外，海蜗牛的记忆编码机制在进化中是高度保守的，与哺乳动物很相似，能够作为人类记忆形成研究的模式生物。

三、实验准备

生长健康状况相同的海蜗牛若干，电击仪器等。

四、实验步骤

1. 将若干生长健康状况相同的海蜗牛等分成甲、乙、丙、丁四组。
2. 对甲组海蜗牛进行5次电击，每20 min一次，24 h后，再重复这一过程；乙、丙、丁组不做电击处理。一段时间后，分别敲打甲、乙两组海蜗牛，并观察其反应。
3. 分别从甲、乙两组的海蜗牛体内提取腹部神经元的RNA，并分别将这些分子注入丙、丁两组的海蜗牛身体中，然后分别对丙、丁两组的海蜗牛进行敲打。
4. 观察丙、丁两组海蜗牛的身体反应。

五、实验结果

实验对象	处理方法	反应
甲组	进行5次电击，每20 min一次，24 h后，再重复这一过程。一段时间后，敲打海蜗牛。	海蜗牛会将身体收缩成防御姿态，平均持续时间约50 s。
乙组	不做电击处理，一段时间后，用同等的力度敲打海蜗牛。	海蜗牛收缩时间约1 s。
丙组	提取甲组海蜗牛腹部神经元的RNA，将这些分子注入丙组的海蜗牛身体中，并对其进行敲打。	海蜗牛被敲打时，收缩成防御姿态的平均持续时间约为40 s。
丁组	提取乙组海蜗牛腹部神经元的RNA，将这些分子注入丁组的海蜗牛身体中，并用同等的力度对其进行敲打。	海蜗牛被敲打时，反应没有任何变化。

分析

甲组海蜗牛经过反复电击后，学会了利用长时间收缩的方式保护自己，没有经过电击刺激的海蜗牛则没有类似的防御行为。将甲组海蜗牛特定的RNA植入丙组的海蜗牛体内，丙组的海蜗牛可以表现出甲组海蜗牛的防御行为。这说明甲组海蜗牛的RNA控制着丙组海蜗牛的记忆。

六、实验结论

特定的RNA控制着海蜗牛的记忆。

拓展

近日,一项研究发现,RNA分子有助于建立未来的回忆。换句话说,人们可以通过对RNA片段的控制进行记忆的转移和删除。

大多数神经科学家认为,长期记忆是通过加强大脑神经细胞之间的联系来储存的。某些RNA分子是长期记忆储存的关键,而这些RNA分子跟神经细胞之间没有联系。换句话说,慢吞吞的记忆可能通过RNA被捕获。

RNA分子有各种各样的种类和特点,可以进行特定的工作,所以目前还不清楚究竟是什么样的RNA可能对这种效应起作用。但有科学家推测其是少数几种不含有制造蛋白质指令的RNA品种之一,被称为非编码RNA,这些分子通常涉及操纵基因的活性。

但也有科学家质疑上述观点。他们认为,虽然未经训练的海蜗牛在注射RNA后变得对触觉更加敏感,但这并不足以说明海蜗牛的记忆内存已被转移。

单纯从肢体神经动作方面对海蜗牛记忆转移进行佐证显得苍白无力,因为我们无法验证海蜗牛的记忆内存真的会随着RNA的转移而被移除,一旦这个结果被验证,将给我们带来更大的便利。因为删除记忆在很多方面都可以运用到,而且市场需求份额大。比如,在阿尔茨海默病(老年痴呆症)的治疗方面就非常有意义,我们可以通过对RNA的修饰和复制,剪切阿尔茨海默病患者的病灶基因,让患者摆脱记忆模糊的痛苦。删除记忆就像芯片植入一样,但是,找到这个芯片植入的靶点才是关键,一旦成功,将会在人类发展史中写下辉煌的一页。

七、命题意图

本实验对应《课标》内容要求1.3:神经系统能够及时感知机体内、外环境的变化,并作出反应调控各器官、系统的活动,实现机体稳态。

本实验旨在通过呈现新的实验信息,考查学生阅读理解、获取信息的能力,让学生能自主理解和探究记忆机制;通过实验探究RNA对记忆的影响,培养学生的科学思维。

实验 8

探究缺乏多巴胺对帕金森综合征的影响

一、实验分析

本实验的实验目的是什么？自变量是什么？因变量是什么？怎样检测因变量呢？

提示

实验目的：探究缺乏多巴胺对帕金森综合征的影响。

自变量：小白鼠是否注射利血平溶液和多巴胺溶液。

因变量：小白鼠的运动状态。

检测指标：小白鼠在运动过程中是否出现震颤。

二、实验原理

帕金森综合征（机体不自主震颤）患者体内的神经末梢中缺乏"多巴胺"，而"多巴"在人体内可以转化为"多巴胺"，所以"多巴"是缓解该病的有效药物。但一种叫"利血平"的药物可以耗尽神经末梢中的"多巴胺"。

三、实验准备

生长状况相同的健康小白鼠若干，利血平溶液，多巴胺溶液，生理盐水，注射器等。

四、实验步骤

1. 将若干生长状况相同的健康小白鼠等分成甲、乙两组。

2. 甲组小白鼠注射用生理盐水配制的一定浓度的利血平溶液,乙组小白鼠注射等量的生理盐水。两组小白鼠在相同条件下培养,观察并记录其运动情况。

3. 一段时间后,给甲组小白鼠注射一定量的多巴胺溶液,给乙组小白鼠注射等量的生理盐水。两组小白鼠继续在相同条件下培养,观察并记录其运动情况。

五、实验结果

实验对象	处理方法1	反应1	处理方法2	反应2
甲组	注射利血平溶液	不自主震颤	注射多巴胺溶液	运动恢复正常
乙组	注射等量生理盐水	正常	注射等量生理盐水	正常

分析

甲组小白鼠在注射了利血平溶液后出现了不自主震颤,表现出帕金森综合征,当注射多巴胺溶液后,运动恢复正常;而乙组在整个实验过程中作为对照组,一直表现为正常运动。这说明缺乏多巴胺的确会导致小白鼠表现出帕金森综合征。

六、实验结论

缺乏多巴胺会导致小白鼠表现出帕金森综合征。

拓展

血清素理论认为,神经递质血清素失调是精神疾病的主要致病原因。这一理论立足的最重要证据是由当时的学术巨擘Bernard Brodie发现的,即抗精神分裂药利血平能清空大脑内的血清素。

当时，在 Bernard Brodie 实验室访问的 Arvid Carlsson（2000 年诺贝尔生理学或医学奖得主）参与了利血平是否会清空多巴胺和去甲肾上腺素的研究，但强势的 Bernard Brodie 觉得自己已经解决了利血平治疗精神分裂症的机制，无须再作研究。后来 Arvid Carlsson 回到瑞典，独自继续研究利血平，结果发现自己的假设是正确的，利血平能清空多巴胺和去甲肾上腺素！

不过在当时，多巴胺还不是个有名的神经递质，事实上它到底算不算神经递质，还是仅仅是去甲肾上腺素合成过程中的一个产物，仍存在很大争议。甚至神经细胞是以释放神经递质类化学物质交流，而不是以电信号交流的观点才刚刚开始被人们所接受。多巴胺是什么，根本没人关心。

也许，多巴胺也很重要。如果多巴胺是利血平的一个重要靶点，那么重新补充多巴胺就能逆转利血平的作用，多巴胺也就有可能在精神分裂症中扮演重要角色。因此，Arvid Carlsson 决定设计实验来验证自己的想法。小白鼠显然不会告诉我们它们是否产生了幻觉等精神分裂症状（最新的研究发现或许可以）。不过，利血平首先是作为镇静剂使用，所以我们可以通过观察小白鼠是镇静（不动）还是觉醒（动），来验证利血平和多巴胺的作用。如果利血平的镇静作用是清空多巴胺所引起的，那么是不是给小白鼠注射多巴胺就能抗镇静，让小白鼠再动起来？多巴胺不能跨血脑屏障，于是 Arvid Carlsson 选择了注射多巴胺的前代谢物——左旋多巴。结果，经利血平处理后的小白鼠，在注射左旋多巴后从镇静中重新兴奋起来。接着，Arvid Carlsson 又证明了左旋多巴在大脑中确实被代谢成了多巴胺，而不是去甲肾上腺素和血清素。随后，Arvid Calrsson 的学生们又发现在几个脑区，多巴胺含量远高于去甲肾上腺素。一连串的证据最终证明，多巴胺不仅仅是一个代谢中间产物，还是一个独立的神经递质。由此，Arvid Carlsson 提出，精神分裂症可能不仅仅是由血清素异常导致的，而是由多巴胺、血清素和去甲肾上腺素三种单胺类神经递质功能异常导致的。他还首次提出，在精神分裂症之外，多巴胺或许还可以直接调控运动。虽然 Arvid Carlsson 研究的是精神分裂症，但他推导出的"多巴胺诱发运动"理论，无意间为帕金森综合征的研究打开了一扇门。

七、设计意图

本实验对应《课标》内容要求1.3：神经系统能够及时感知机体内、外环境的变化，并作出反应调控各器官、系统的活动，实现机体稳态；以及《课标》内容要求1.3.3：阐明神经冲动在突触处的传递通常通过化学传递方式完成。

本实验旨在考查学生对神经递质的理解，让学生知道多巴胺作为神经递质，对人体的神经调节起着重要的作用。同时通过实验训练学生的科学探究思维和理性思维。

实验 9

验证GH可通过IGF-1促进软骨细胞生长

一、实验分析

本实验中的激素分泌过程类似甲状腺激素分泌的调节过程,虽然激素种类不同,但都呈现分级调节和反馈调节的特点。

二、实验原理

```
                       ┌─── (−) ───┐
                    ┌──┴──┐         │
                    │ 垂体 │         │
                    └──┬──┘         │
                       │ 分泌        │
                   生长激素(GH)       │
         ┌────────────┤              │
         │(+)         │(+)           │
   软骨细胞          ┌──┴──┐         │
     生长            │ 肝脏 │         │
         ▲          └──┬──┘         │
         │             │ 产生         │
         │(+)          ▼              │
         └──── 胰岛素样生长因子1(IGF-1)─┘
```

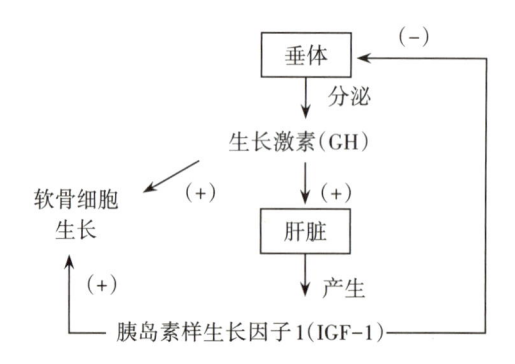

图9-1 生长激素促进软骨细胞生长的过程

生长激素(GH)有两条途径促进软骨细胞生长,一条是直接促进软骨细胞生长,另一条是通过肝脏产生胰岛素样生长因子1(IGF-1)来促进。因此阻断直接促进的途径,就可以验证GH通过IGF-1促进软骨细胞生长的途径。(图9-1)

三、实验准备

无GH受体的小白鼠软骨细胞,动物细胞培养液,GH,IGF-1,去垂体小白鼠的血清,去垂体小白鼠注射GH后的血清,显微镜等。

四、实验步骤

1.将无GH受体的小白鼠软骨细胞放在动物细胞培养液中培养,并均分为五组,编号为A、B、C、D、E。

2.向A、B、C、D、E组细胞培养液中分别添加等量的适宜浓度的生理盐水、GH、IGF-1、去垂体小白鼠的血清、去垂体小白鼠注射GH后的血清。

3.在适宜环境中培养一段时间后,用显微镜观察软骨细胞生长状况并记录。

五、实验结果

组别	A组	B组	C组	D组	E组
培养液中添加物质	生理盐水	GH	IGF-1	去垂体小白鼠的血清	去垂体小白鼠注射GH后的血清
生长状况	+	+	++++	+	++++

注:+的数量越多表明软骨细胞生长越良好。

分析

根据题意,该实验的目的是验证GH可通过IGF-1促进软骨细胞生长,实验的自变量是GH和IGF-1的有无,以无GH受体的小白鼠软骨细胞为实验材料,避免了GH直接促进软骨细胞生长的可能性。

A组为对照组,B组和C组为实验组,B组培养液中的GH不能促进软骨细胞生长,C组培养液中的IGF-1可促进软骨细胞生长。D组和E组为实验组,D组与A组形成对照,培养的软骨细胞生长情况与A组相近,表明去垂体小白鼠的血清不能促进软骨细胞生长。E组与B组、D组形成对照,E组添加了去垂体小白鼠注射GH后的血清,软骨细胞生长被促进,但单独添加GH的B组和单独添加去垂体小白鼠血清的D组均没有被促进,表明在E组中起促进生长作用的物质既不是血清中残留的GH,也不是去垂体小白鼠血清中的成分,而应该是去垂体小白鼠注射GH后体内细胞新产生的IGF-1。所以,该实验能证明GH可通过IGF-1促进软骨细胞生长。

六、实验结论

无GH受体的小白鼠软骨细胞添加了去垂体小白鼠注射GH后的血清,与直接添加了IGF-1组的实验现象相同,而与单独添加GH组和单独添加去垂体小白鼠血清组的实验现象不同。实验表明,E组中促进软骨细胞生长的物质,不是GH,也不是去垂体小白鼠血清中的成分,而是去垂体小白鼠注射GH后体内细胞新产生的IGF-1。这证明了体内存在GH促进细胞分泌IGF-1,再由IGF-1促进软骨细胞生长的调节过程。

> **拓展**
>
> 设计实验验证促甲状腺激素(TSH)通过促进甲状腺激素(TH)合成来提高细胞的代谢速度。
>
> **提示**
>
> 实验分为五组:细胞培养液中分别添加生理盐水、TSH、TH、去垂体小白鼠的血清、去垂体小白鼠注射TSH后的血清。
>
> 因变量:细胞的代谢强度。观测指标:细胞的耗氧量。
>
> **方案**
>
> 1.将小白鼠骨髓瘤细胞放在动物细胞培养液中培养,并均分为五组,编号为A、B、C、D、E。同时分别测定培养液中的初始溶氧量。
>
> 2.向A、B、C、D、E组细胞培养液中分别添加等量的适宜浓度的生理盐水、TSH、TH、去垂体小白鼠的血清、去垂体小白鼠注射TSH后的血清。
>
> 3.在适宜环境中培养24 h后,分别记录五组培养液中的溶氧量并计算24 h内的耗氧量。若A、B、D组细胞耗氧量很低且相近,而C组和E组细胞耗氧量很高且相近,则说明TSH不能直接提高细胞的代谢,而是通过促进TH的合成来提高细胞的代谢。

七、命题意图

本实验对应《课标》内容要求1.4.2:举例说明激素通过分级调节、反馈调节等机制维持机体的稳态。

本实验旨在考查激素的分级调节以及验证激素作用的相关知识,同时要求学生能把握实验的目的,进而确定实验的自变量和因变量,结合实验设计的原则解决问题。

实验 10

验证胰腺分泌活动的调节方式除神经调节外还存在化学调节

一、实验分析

本实验重复了促胰液素的发现过程,验证了胰腺分泌活动的调节方式除神经调节外还有化学调节。化学调节与神经调节最根本的差异就是化学调节靠血液传送信号分子,而不依赖神经组织。因此,沃泰默是用减法原理剔除胰腺周围的神经末梢,而斯他林和贝利斯则是用加法原理将可能起调节作用的化学物质注入血管中,这两种方法都以胰液的分泌情况作为观察指标。

二、实验原理

小白鼠在进食后会引起胰腺大量分泌胰液。神经调节必须依赖小肠周围的神经末梢传导信息,而盐酸分子进行的化学调节必须依赖小肠周围的血液循环传递信息。若只有神经调节,那么切除小肠周围的神经后将阻断唯一的信息传导方式,也就是说进食后胰腺将不会大量分泌胰液。若还存在化学调节,那么给切除小肠周围神经组织的小白鼠注入恰当的化学物质后,胰腺仍能大量分泌胰液。

三、实验准备

生长状况相同的健康小白鼠若干,电刺激装置,注射器,稀盐酸(模拟胃酸)等。

四、实验步骤

1.将若干生长状况相同且健康的小白鼠均分为四组,编号为A、B、C、D。

2.A组:把适量稀盐酸从小白鼠小肠的上端注入小肠腔内;B组:电刺激小白鼠支配胰腺的神经;C组:直接将与A组等量的稀盐酸注入小白鼠的胰腺静脉血液中;D组:剔除小白鼠所有支配胰腺的神经,把与A组等量的稀盐酸从小白鼠小肠的上端注入小肠腔内。

3.观察并统计四组小白鼠胰液的分泌情况。

五、实验结果

实验对象	实验过程	实验现象
A组	把适量稀盐酸从小白鼠小肠的上端注入小肠腔内	大量分泌胰液
B组	电刺激小白鼠支配胰腺的神经	少量胰液分泌
C组	直接将与A组等量的稀盐酸注入小白鼠的胰腺静脉血液中	不会分泌胰液
D组	剔除小白鼠所有支配胰腺的神经,把与A组等量的稀盐酸从小白鼠小肠的上端注入小肠腔内	大量分泌胰液

分析

据表格内容分析,A组中的稀盐酸注入小肠腔后引起胰液分泌,这是正常对照;B组说明胰液的分泌与神经调节有关;C组中的血液直接注入稀盐酸后不分泌胰液,说明稀盐酸不是直接的"信息分子";D组中的稀盐酸注入剔除神经的小肠腔后引起胰液分泌。实验说明胰液的分泌除了受神经调节的影响外,还可能与经稀盐酸刺激后小肠产生的分泌物(或体液调节)有关。

六、实验结论

胰液的分泌不只是由神经调节引起,还可能与经稀盐酸刺激后小肠产生的分泌物(或体液调节)有关。

> **拓展**
>
> 请用减法原理或加法原理设计实验，验证胰液的分泌存在神经调节和化学调节。已知引起化学调节的化学物质属于蛋白质。
>
> **提示**
>
> 1.用减法原理：剔除胰腺周围的神经末梢，或利用蛋白酶水解起调节作用的物质。
>
> 2.用加法原理：电刺激支配胰腺的神经，或向血液中注入经盐酸刺激后的小肠黏膜细胞提取液。
>
> **方案**
>
> 1.验证胰液的分泌存在神经调节的实验方案。
>
> (1)将若干生长状况相同且健康的未进食小白鼠均分为四组，编号为A、B、C、D。
>
> (2)A组：把适量稀盐酸从小白鼠小肠的上端注入小肠腔内；B组：切断小白鼠所有支配胰腺的神经，把与A组等量的稀盐酸从小白鼠小肠的上端注入小肠腔内；C组：对支配小白鼠胰腺的神经不进行电刺激；D组：对支配小白鼠胰腺的神经进行适宜强度的电刺激。
>
> (3)观察并统计四组小白鼠胰液的分泌情况。若B组小白鼠胰液的分泌量低于A组，D组小白鼠胰液的分泌量高于C组，则表明胰液的分泌存在神经调节。
>
> 2.验证胰液的分泌存在化学调节的实验方案。
>
> (1)将若干生长状况相同且健康的未进食小白鼠均分为五组，编号为A、B、C、D、E。
>
> (2)A组：把适量的生理盐水注入小白鼠的胰腺静脉血液中；B组：把等量的适宜浓度的稀盐酸注入小白鼠的胰腺静脉血液中；C组：把等量的未经稀盐酸刺激的小肠黏膜细胞提取液注入小白鼠的胰腺静脉血液中；D组：把等量的经稀盐酸刺激后的小肠黏膜细胞提取液注入小白鼠的胰腺静脉血液中；E组：把等量的被蛋白酶充分水解的D组注射物注入小白鼠的胰腺静脉血液中。

(3)观察并统计五组小白鼠胰液的分泌情况。若A组、B组、C组、E组的小白鼠不分泌胰液或分泌量很少,而D组小白鼠大量分泌胰液,则表明胰液的分泌存在化学调节,且调节物质是经稀盐酸刺激后小肠黏膜细胞产生的某种蛋白质。

七、命题意图

本实验对应《课标》内容要求1.4:内分泌系统产生的多种类型的激素,通过体液传送而发挥调节作用,实现机体稳态。

本实验旨在要求学生能运用加法原理和减法原理,通过比较、分析与综合等方法对某些生物学问题进行解释、推理,并做出合理的判断或得出正确结论。

探究小白鼠注射TSH后下丘脑分泌TRH减少的原因

一、实验分析

向小白鼠注射促甲状腺激素（TSH），会使下丘脑的促甲状腺激素释放激素（TRH）分泌减少，其原因可能有两个：一是TSH直接对下丘脑进行反馈调节的结果；二是TSH通过促进甲状腺分泌甲状腺激素，进而对下丘脑进行反馈调节的结果。

实验设计要遵循对照原则和单一变量原则，所以本实验需要设置A、B两组实验。其中，要探究是不是TSH直接对下丘脑进行反馈调节的结果，实验组A组需要切除实验动物的甲状腺，防止内源甲状腺激素对实验结果产生干扰；同时对照组B组做相同的外伤手术，但不摘除此器官，以排除外伤手术对实验结果造成影响。向A、B两组小白鼠注射等量的适宜浓度的外源TSH，最后测定A、B两组小白鼠血液中TRH的含量。

二、实验原理

向小白鼠注射TSH，会使下丘脑分泌的TRH减少。对此现象的解释有以下两种观点。

观点一：这是TSH直接对下丘脑进行反馈调节的结果。

观点二：这是TSH通过促进甲状腺分泌甲状腺激素，进而对下丘脑进行反馈调节的结果。

三、实验准备

生长状态相同且健康的小白鼠若干，外源TSH，手术器械，注射器等。

四、实验步骤

1. 将若干生长状态相同且健康的小白鼠分为A、B两组,并测定两组小白鼠血液中TRH的含量。

2. 用手术器械将A组小白鼠的甲状腺切除,B组小白鼠做相同的外伤手术,但不摘除此器官。

3. 向A、B两组小白鼠注射等量的适宜浓度的外源TSH。

4. 在相同且适宜的环境条件下饲养一段时间后,测定A、B两组小白鼠血液中TRH的含量。

五、实验结果预测

1. A组小白鼠的TRH含量不变,B组小白鼠的TRH含量减少。

2. A组小白鼠和B组小白鼠的TRH减少量相等。

> **分析**
>
> A、B两组的变量在于是否切除甲状腺。若两者实验结果一致,则说明甲状腺在调节下丘脑分泌TRH的过程中不起作用,即小白鼠TRH含量下降是TSH直接对下丘脑进行反馈调节的结果;若两者结果不一致,且为A组小白鼠的TRH含量不变、B组小白鼠的TRH含量减少,则说明甲状腺在调节下丘脑分泌TRH的过程中起作用,即TSH通过促进甲状腺分泌甲状腺激素,进而对下丘脑进行反馈调节。

六、实验结论

1. 若A组小白鼠和B组小白鼠的TRH减少量相等,则观点一正确。

2. 若A组小白鼠的TRH含量不变,B组小白鼠的TRH含量减少,则观点二正确。

实验11 探究小白鼠注射TSH后下丘脑分泌TRH减少的原因

> **拓展**
>
> 当人出现TSH偏高时,通常提示甲状腺功能减退,患者可出现乏力、怕冷、胸闷、食欲下降等症状,严重者还会影响心功能等。如果TSH只是轻度升高,则多数情况下不需要口服药物,合理调整生活作息后即可自愈,但需注意定期到医院进行监测。如果患者出现上述症状或者病情控制不佳,则需到正规医院内分泌科就诊,口服优甲乐等药物进行治疗。如果是垂体病变引起的TSH分泌过多,则称为垂体促甲状腺激素瘤,需要手术等方法进行治疗。

七、命题意图

本实验对应《课标》内容要求1.4.2:举例说明激素通过分级调节、反馈调节等机制维持机体的稳态。

本实验旨在锻炼学生的识记能力,同时要求学生能理解所学知识要点,能把握知识间的内在联系,能对一些生物学问题进行初步探究,并能对实验现象和结果进行解释、分析和处理。

实验 12

验证睾丸具有分泌雄性激素（睾酮）的功能

一、实验分析

本实验的目的是通过观察公鸡性腺摘除后第二性征的变化及移植性腺后第二性征的变化来验证睾丸具有分泌睾酮的功能。

本实验的关键是如何设置对照组以及确定观测指标。因为性激素与第二性征的出现和维持有关，所以选择公鸡这种第二性征明显的生物作为本实验的材料，并将公鸡鲜红的鸡冠和啼鸣这种易观察、易记录的指标作为本实验的观测指标，同时采用先摘除再移植的处理方式形成对照。另外通过"假手术"的方式形成空白对照，进一步达到实验目的。

二、实验原理

研究激素的功能常用方法有摘除法和移植法。即摘除所研究的内分泌腺，观察实验动物出现的特异性症状，然后将已摘除的腺体重新移植回去或注射摘除腺体的提取物，观察相关症状是否恢复，由此判断该内分泌腺的功能。

睾酮（雄性激素的一种）可以刺激性器官的生长发育，也能促进雄性第二性征的出现，并维持其正常状态。即睾酮可以保持公鸡的鸡冠鲜红突出，且会让公鸡啼鸣。

三、实验准备

生长状况一致且年龄相同的成年健康公鸡若干，饲养笼若干，手术刀等。

四、实验步骤

1.将若干生长状况一致且年龄相同的成年健康公鸡均分为A、B两组,观察并记录两组公鸡的鸡冠、啼鸣等特征。

2.用手术刀将A组公鸡的睾丸摘除,B组做相同的外科手术,但不摘除睾丸。饲养一段时间后,观察并记录两组公鸡的鸡冠、啼鸣等特征。

3.将A组公鸡的睾丸移植回去,饲养一段时间后,观察并记录两组公鸡的鸡冠、啼鸣等特征。

五、实验结果

1.第一次观察记录:两组公鸡的鸡冠鲜红突出,啼鸣响亮。

2.第二次观察记录:A组公鸡的鸡冠逐渐萎缩,不再啼鸣,雄性特征逐渐消失;B组公鸡的鸡冠鲜红,啼鸣响亮。

3.第三次观察记录:A组公鸡的鸡冠逐渐恢复鲜红,啼鸣恢复,雄性特征逐渐恢复;B组公鸡的鸡冠鲜红,啼鸣响亮。

> **分析**
>
> 摘除睾丸和移植睾丸实验,分别运用了"减法原理"和"加法原理"。A组公鸡雄性特征的消失和恢复可以表明睾丸就是睾酮的分泌器官。

六、实验结论

睾丸具有分泌雄性激素(睾酮)的功能。

> **拓展**
>
> 若本实验中A组公鸡的睾丸摘除后无法移植回去,还可以通过怎样的处理方法达到实验目的?
>
> **解决思路**
> 由于睾酮的化学本质是固醇,所以可以采用饲喂睾酮或注射睾酮的方法。

参考答案

对A组公鸡饲喂含有睾酮的食物或对A组公鸡注射适量的睾酮。

举一反三

若要探究胰腺在血糖平衡调节中的作用,可以采用什么方法处理变量?

参考答案

胰腺中的胰岛分泌的胰岛素和胰高血糖素两种蛋白质类激素在消化道中可被水解而丧失作用,因此,不宜采用饲喂法进行探究实验,可以采用摘除法、注射法。

七、命题意图

本实验对应《课标》内容要求1.4:内分泌系统产生的多种类型的激素,通过体液传送而发挥调节作用,实现机体稳态;《课标》内容要求1.4.1:说出人体内分泌系统主要由内分泌腺组成,包括垂体、甲状腺、胸腺、肾上腺、胰岛和性腺等多种腺体,它们分泌的各类激素参与生命活动的调节。

本实验旨在加深学生对激素产生及功能的理解,同时要求学生能够学会验证性实验设计的一般步骤,表述验证性实验的结果,并能够归纳出探究一种内分泌腺及其分泌激素功能的方法和原理。

探究双酚A对雄性小白鼠睾酮分泌及运动能力的影响

一、实验分析

本实验的目的是通过观察雄性小白鼠灌喂不同浓度的双酚A溶液前后的变化来探究双酚A对雄性小白鼠睾酮分泌及运动能力的影响。

本实验的关键是明确实验的分组及对变量的控制,因此实验中可通过对三组小白鼠灌喂不同浓度的双酚A溶液以达到处理变量的目的,为保证变量的单一,对照组的小白鼠需灌喂等量的蒸馏水。为真实反映环境中的内分泌干扰物对生物体的影响,一方面可用小白鼠血清中睾酮的含量作为检测指标,另一方面可通过小白鼠跑动、理毛和站立的行为作为运动能力的观测指标。同时为减少实验误差,在对小白鼠进行灌喂处理后,应采用同一时段同时记录的方式记录实验结果。

二、实验原理

双酚A可与雄性小白鼠体内的睾酮受体结合,进而干扰内源性睾酮的分泌以及对机体的调节。

三、实验准备

生长状况一致且年龄相同的成年健康雄性小白鼠若干,饲养温室(环境适宜、食物充足)若干,蒸馏水,0.4 mg/kg、4 mg/kg、40 mg/kg的双酚A溶液等。

四、实验步骤

1. 将若干生长状况一致且年龄相同的成年健康雄性小白鼠均分为A、B、C、D四组，并分别放入环境适宜、食物充足的温室中饲养。

2. 每天上午8点分别对四个组别的小白鼠灌喂等量的蒸馏水、0.4 mg/kg双酚A溶液、4 mg/kg双酚A溶液、40 mg/kg双酚A溶液，持续10周。在灌喂处理结束3天后，分别对四个组别的小白鼠进行睾酮分泌量及运动能力检测。

3. 统计并分析所得数据。

五、实验结果

双酚A对雄性小白鼠睾酮分泌的影响结果如下表。

组别	对照组	实验组		
	蒸馏水	0.4 mg/kg	4 mg/kg	40 mg/kg
睾酮（ng/mL）	1.06±0.07	0.66±0.04*	0.81±0.06	0.84±0.04

（*表示显著性差异$p<0.05$）

双酚A对雄性小白鼠运动能力的影响结果如下表。

组别	对照组	实验组		
	蒸馏水	0.4 mg/kg	4 mg/kg	40 mg/kg
1 min跑格数/次	65±4.7	69.2±4.2	71.2±3.4	65.2±2.8
理毛次数/次	3.31±0.56	4.08±0.57	6.23±0.67*	13.9±0.65**
站立次数/次	13.4±2	21.6±2.6*	23.2±3.1*	19.8±1.1

（*表示显著性差异$p<0.05$；**表示显著性差异$p<0.01$）

> **分析**
>
> 由于睾酮的分级调节机制，长期灌喂双酚A溶液会引起小白鼠内源睾酮分泌下降。
>
> 双酚A可以模拟睾酮与雄性小白鼠的睾酮受体结合，因此其可以促进小白鼠肌肉的生长，增强小白鼠的运动能力。

六、实验结论

实验表明,双酚A对雄性小白鼠的睾酮分泌有抑制作用,对雄性小白鼠的运动能力有促进作用。

拓展

某些运动员会服用睾酮衍生物(兴奋剂的一种)以提高比赛成绩,请利用激素调节相关知识评价其利弊。

参考答案

服用睾酮衍生物可以使肌肉兴奋,增强肌肉力量,从而能提高运动员比赛成绩,但长期服用,会抑制下丘脑和垂体对相关激素的分泌,使自身性激素的合成与分泌减少,导致性腺萎缩。

科学前沿

正常情况下,人和其他生物能根据自身生长和发育的需要合成内分泌激素,调节新陈代谢。然而近些年来,人类不断发现一些存在于生物机体之外的具有与人和生物内分泌激素作用类似的物质,有时能引起生物内分泌紊乱,被称为"环境内分泌干扰物"。环境内分泌干扰物是存在于环境中,干扰生物和人体正常内分泌机能的化学物质,主要由人类活动释放到环境中并对生物和人体内正常激素的合成、释放、转移、代谢等施加影响,且具有类雌激素作用。目前已掌握的扰乱生物内分泌的环境内分泌干扰物有70余种,按化学结构分为多氯联苯类、邻苯二甲酸酯类、氯代烃类、芳香烃类、双酚类、烷基酚类、联苯酚类、氯酚类、硝基苯类、呋喃类、有机锡类、金属类等。环境内分泌干扰物主要用于除草剂、杀虫剂、防腐剂、杀菌剂、防污剂及洗涤剂等。这些物质散布在人类的生活环境之中,被人或动物摄入体内后,不断积累,逐步造成危害。

环境内分泌干扰物大都是亲脂性的化学物质,具有富集作用,可通过食物链在生物和人体脂肪组织中累积浓集,从而增强其浓度和生物药效性。另外,环境内分泌干扰物能通过多种途径调节或破坏体内激素的动态平衡。

七、命题意图

本实验对应《课标》内容要求1.4：内分泌系统产生的多种类型的激素，通过体液传送而发挥调节作用，实现机体稳态；《课标》内容要求1.4.2：举例说明激素通过分级调节、反馈调节等机制维持机体的稳态。

本实验旨在加深学生对激素调节过程的理解，同时要求学生能够根据表格数据分析双酚A对雄性小白鼠的睾酮分泌有抑制作用以及对雄性小白鼠运动能力有促进作用，并帮助学生正确看待激素类药物，理解健康生活对维持稳态的意义。

参考文献

刘幸毅,徐晓虹,张勤,等.环境雌激素双酚A对成年小鼠学习记忆和突触结构的影响[J].心理学报,2013(09):981-992.

实验 14

模拟人工胰岛调节血糖的过程

一、实验分析

针对1型和2型糖尿病患者,现行的治疗主要是注射外源性胰岛素。胰岛素需一日多次皮下注射,给患者带来了痛苦,同时其血糖波动明显,极易发生低血糖现象。这一直是糖尿病专家、学者、医生和广大糖尿病患者急需解决的问题。人工胰岛是一种方便、痛苦少的胰岛素注射给药方式,能让血糖长期处于平稳、安全的范围之内。模拟人工胰岛降糖过程,真正了解胰岛素的降糖机理,可使人们更加深刻地认识到珍爱生命、重视健康的意义。

二、实验原理

人工胰岛又称胰岛素泵,能模拟正常人的胰岛素分泌模式,根据患者的实时血糖水平,24 h不间断地向人体按需输入胰岛素。其更接近正常人胰岛,是较为安全、较为可靠、较为方便、较为灵活的胰岛素输注系统。

人工胰岛包含三部分装置:胰岛素储存器、输入软管、胰岛素输出量的控制器。其形状和大小如同BP(导呼)机。人工胰岛的工作原理如图14-1所示。

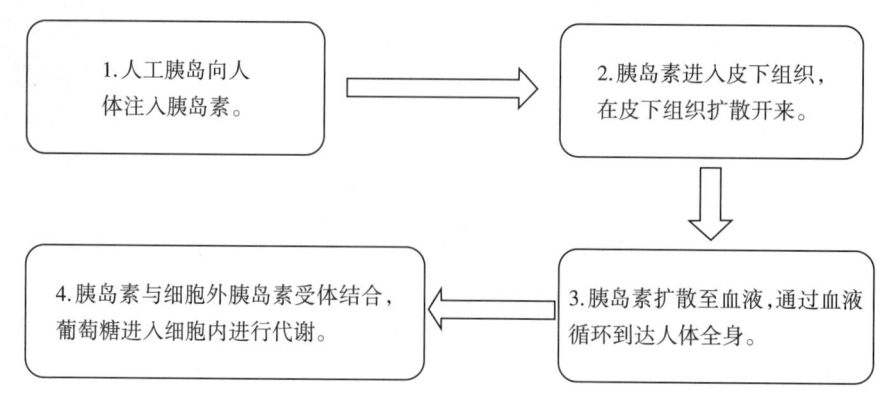

```
┌─────────────────┐      ┌─────────────────┐
│ 1.人工胰岛向人   │ ════▶│ 2.胰岛素进入皮下组织,│
│ 体注入胰岛素。   │      │ 在皮下组织扩散开来。│
└─────────────────┘      └─────────────────┘
                                  ║
                                  ▼
┌─────────────────────────┐  ┌─────────────────────┐
│ 4.胰岛素与细胞外胰岛素受体结合,│◀═│ 3.胰岛素扩散至血液,通过血液│
│ 葡萄糖进入细胞内进行代谢。│  │ 循环到达人体全身。  │
└─────────────────────────┘  └─────────────────────┘
```

图14-1　人工胰岛的工作原理

三、实验准备

实验员若干,书写有胰岛素字样的卡片10张,书写有血糖字样的卡片10张,书写有胰岛素受体字样的卡片3张等。

四、实验步骤

1.模仿人工胰岛的实验员编号为甲,站于教室中间位置,将有胰岛素字样的10张卡片分发给10名实验员,编号为乙1、乙2、…、乙10,分别站于甲背后。

2.将有血糖字样的10张卡片分发给10名实验员,编号为丙1、丙2、…、丙10,隐藏于教室外。

3.将有胰岛素受体字样的3张卡片分发给3名实验员,编号为丁1、丁2、丁3,坐于教室前方位置。

4.根据人工胰岛工作原理图让学生模拟降糖过程。血糖卡多于3张时(模拟正常人体血糖的平均值),甲迅速释放胰岛素,血糖越高,释放的量越多。胰岛素将血糖送于受体处,从而快速达到降血糖的目的。

五、实验结果

根据本次模拟实验,绘制胰岛素的降糖示意图(如图14-2所示)。

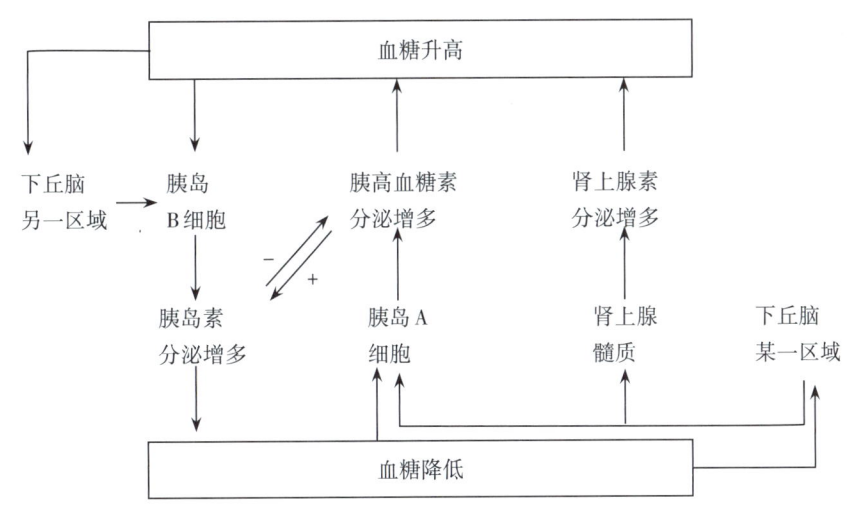

图14-2 胰岛素的降糖示意图

拓展

相对于常规的胰岛素治疗方法，人工胰岛治疗可长期、平稳、安全地控制血糖，从而显著减少患者痛苦，使患者使用更方便，作用效果更明显，有效提高患者的生活质量。

1. 改善血糖控制水平：按照胰腺的分泌方式输入胰岛素，使血糖控制平稳。

2. 降低低血糖发生率：传统胰岛素注射具有吸收差异及吸收后出现不良反应等问题，低血糖现象偶尔也会发生。使用人工胰岛，使严重低血糖的发生率降低80%。

3. 提高生活质量：使用人工胰岛可以让患者在就餐、工作、活动等各种场合获得传统胰岛素注射无法获得的更大自由。

六、命题意图

本实验对应《课标》内容要求1.4.2：举例说明激素通过分级调节、反馈调节等机制维持机体的稳态。

本实验旨在提高学生对具体生物学问题的探究能力和理论指导实践的能力。

实验 15

探究水盐平衡调节过程中神经调节和体液调节的关系

一、实验分析

研究显示,寒冷刺激会抑制下丘脑对抗利尿激素的分泌,从而影响尿量的排放。为验证该说法,研究人员改变动物所处的环境,将实验动物由常温环境引入寒冷环境,在寒冷刺激下,实验动物的尿液增加,进一步研究发现这是由于寒冷刺激了下丘脑,促使抗利尿激素分泌减少所致。

二、实验原理

水盐平衡调节是在神经调节与激素调节共同作用下完成的,调节过程如图15-1所示。

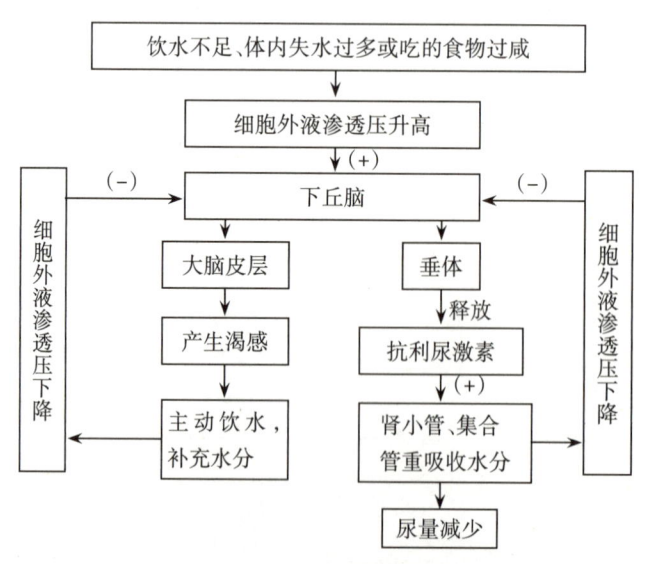

图15-1 水盐平衡调节过程

三、实验准备

生理状态相同的成年家兔若干,量杯等。

四、实验步骤

1. 设A、B两个实验组,每组选取生理状态相同的成年家兔10只。
2. 准备密封性比较好的实验室两间,编号为甲、乙。甲房间设定为室温20 ℃,乙房间设定为室温-5 ℃。
3. 将A、B两组家兔分别放置于甲、乙两房间饲养30 min,然后测定A、B两组家兔的排尿量。

五、实验结果

A组家兔的排尿量大于B组。

分析

1. 水和无机盐的平衡,是在神经调节和体液调节的共同作用下,通过调节尿量和尿的成分实现的。当机体感受到寒冷等刺激时,相应的神经冲动传至下丘脑,促使下丘脑分泌的抗利尿激素减少,导致肾小管、集合管对水分的重吸收量减少,尿量增加。这一过程说明体液调节受神经调节的控制。
2. 实验材料选取成年家兔的原因是其排尿不仅受脊髓的控制,还受大脑皮层的影响,另外成年家兔的大脑发育完全。

六、实验结论

寒冷刺激会抑制下丘脑对抗利尿激素的分泌,使尿量增加。

拓展

人体在饮水量不变的情况下,夏季有汗液蒸发和排尿两种方式排出水分,而冬季汗液蒸发减少,尿量就会相应增多。在寒冷的刺激下,神经张力提高,兴奋性高,受到一点刺激就想排尿,这属于正常反应。分解代谢加快,脂肪、糖原、

> 蛋白质等被氧化分解，体内相应的内生水增多，这在一定程度上会增加尿量，从而导致尿频。如果排尿次数多，尿量也多，那么有可能是内科代谢性疾病，比如糖尿病或多尿症。
>
> 血糖水平较高的人，通常存在代谢障碍，吸收葡萄糖的能力减弱，尿液中的糖分就会增多，尿液也会增多，即使喝水不多，也容易频繁排尿。

七、命题意图

本实验对应《课标》内容要求 1.4.3：举例说出神经调节与体液调节相互协调共同维持机体的稳态。

本实验旨在培养学生的探究能力和科学思维，提升学生生物学核心素养。

实验 16

探究 CO_2 感受器是否位于哺乳动物躯体的动脉管壁上

一、实验分析

CO_2 感受器可能位于头脑部,也可能位于躯干部的动脉管壁上。为了研究这一现象,可将甲狗头部与躯干的相连血管切除,只保留由动脉传向脑部的感觉神经,同时将来自乙狗躯干部位的血管与甲狗的颈动脉和颈静脉相对应连接。甲狗躯干的呼吸运动靠人工呼吸机维持,将人工呼吸机暂停一段时间后,检测甲狗血浆中 CO_2 含量,并观察甲狗单位时间内呼吸运动的强度是否改变,以此来判断动脉管壁上是否存在 CO_2 感受器。

二、实验原理

哺乳动物在剧烈运动过程中,部分细胞由于无氧呼吸,产生了乳酸等酸性物质,导致其与血浆中 HCO_3^- 反应,使血浆中 CO_2 浓度增加。CO_2 含量变化可以使一些特殊的感受器兴奋,以神经冲动(电信号)的形式沿运动神经传导至呼吸中枢,使呼吸运动增强。

人工呼吸机是一种辅助呼吸的装置,可通过调整有关参数,控制血氧浓度。颈动脉和颈静脉切断后,靠近大脑的一端设为B端,靠近心脏的一端设为H端。(图16-1)

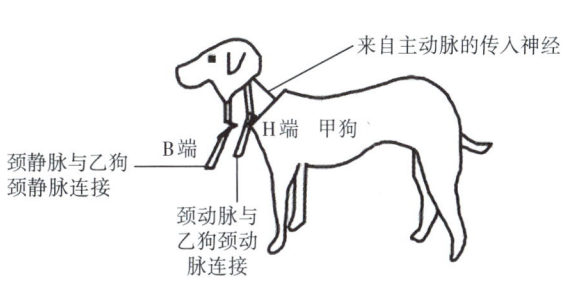

图16-1 人工呼吸机连接示意图

三、实验准备

健康小狗两只，人工呼吸机，手术刀等。

四、实验步骤

1. 将甲狗连接头部与躯干的颈动脉和颈静脉全部切除，保留由动脉传向脑部的感觉神经。
2. 将甲狗切断的颈动脉和颈静脉一端，分别与乙狗相应血管对应连接，另一端封闭。
3. 保持乙狗的呼吸状态正常稳定，人工呼吸机保持和控制甲狗躯干的呼吸运动。
4. 将人工呼吸机暂停一段时间后，检测甲狗血浆中 CO_2 含量，并观察甲狗呼吸运动的强度。

五、实验结果

人工呼吸机暂停一段时间后，甲狗血浆中的 CO_2 浓度升高，呼吸运动强度加强。

> **分析**
>
> 将甲狗头部与躯干的颈动脉和颈静脉切断后，与乙狗的血管相对应连接，同时保持乙狗的呼吸平稳，这样就保证了甲狗血浆中 CO_2 的供应。实验目的是探究该反射过程的感受器是否位于躯体的动脉管壁上，所以需要将呼吸机暂停一段时间，以检测甲狗血浆中 CO_2 含量，并观察甲狗呼吸运动的强度。
>
> 为了保证脑部的血液供给，应选择在 B 端的颈动脉和颈静脉与乙狗的相应血管连接。在实验过程中，一直维持乙狗的呼吸稳定，目的是保证甲狗脑部血浆中 CO_2 浓度的平衡。

六、实验结论

狗躯干部的血管壁上存在 CO_2 感受器（该实验不能表明脑部不存在 CO_2 感受器）。

> **拓展**
>
> 由研究成果可知,CO中毒的急救处理方法的基本思路:给CO中毒者进行输氧时,需用含有一定CO_2浓度的空气混合气体,混入CO_2主要是为激活中毒者呼吸中枢,使呼吸运动增强,中毒者可以获得更充分的O_2;另外也可使用药物直接影响血管内的化学感受器,使其产生兴奋,达到呼吸运动加强的目的。

七、命题意图

本实验对应《课标》内容要求1.4.4:举例说明其他体液成分参与稳态的调节。

本实验旨在培养学生的识记技能,同时要求学生掌握学习内容要求和知识点的内在联系,并能对某些生理学现象做出进一步探究,能对探究问题和结论做出说明、解释。

实验 17

探究降糖消脂汤对2型糖尿病的降血糖效果

一、实验分析

本实验的目的是证明降糖消脂汤对2型糖尿病的降血糖效果与二甲双胍近似。因此，本实验需要设置甲、乙、丙、丁四个组。前三组为糖尿病小白鼠，分别灌喂适量蒸馏水、降糖消脂汤、二甲双胍，然后测量其血糖水平的变化，同时比较两种药物是否降低了血糖，以及降低血糖水平的效果。最后一组为正常小白鼠。

二、实验原理

二甲双胍是一种有机化合物，为治疗糖尿病的一线药物。

链脲佐菌素对内分泌细胞有毒性作用，可以杀死部分胰岛B细胞。

降糖消脂汤主要由人参、黄芪、三七、单参、生地、山茱萸、乌梅和五味子等组成。中医研究表明，降糖消脂汤对2型糖尿病的降血糖效果类似于二甲双胍。

三、实验准备

生长状况相同且健康的小白鼠若干，降糖消脂汤，由二甲双胍、柠檬酸缓冲液等配制的链脲佐菌素液（STZ），柠檬酸缓冲液，普通饲料，高脂饲料，血糖检测仪等。

四、实验步骤

1.将若干生长状况相同且健康的小白鼠用普通饲料喂食一周，并随机均分为甲、乙、丙、丁四组。

2.从第二周开始,甲、乙、丙组用高脂饲料喂养;第九周后,一次性向其腹腔注射STZ;在第十周再分别向其灌喂等量且适量的蒸馏水、二甲双胍和降糖消脂汤。

丁组为对照组,继续用普通饲料喂养到第九周,然后向其腹腔注射等量的柠檬酸缓冲液;在第十周向其灌喂等量的蒸馏水。

3.分别在第二周、第十周(注射STZ、柠檬酸缓冲液后,灌喂相应溶液之前)和第十一周,使用血糖检测仪测定四组小白鼠的血糖含量,并对所得结果进行统计分析和处理。

五、实验结果

使用血糖检测仪测定四组小白鼠在不同时间血糖浓度的结果如图17-1所示。

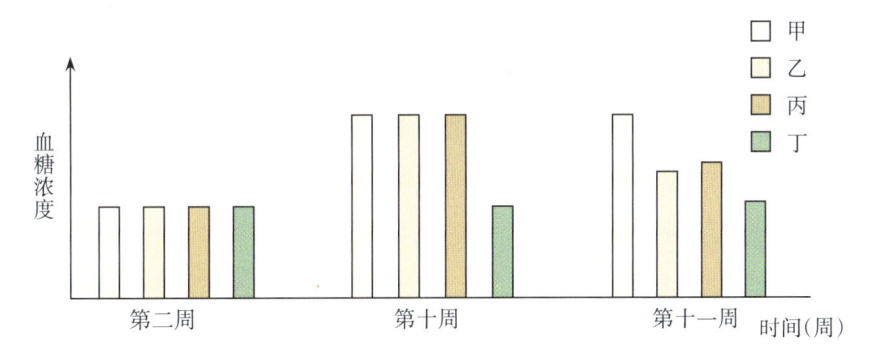

图17-1 四组小白鼠在不同时间的血糖浓度

分析

1.小白鼠由于长期被饲喂高脂饲料,引起其胰岛B细胞补偿性代谢增强,胰岛素增加,最终导致机体细胞对胰岛素的敏感性下降。只有维持足够的胰岛素的分泌,才能克服敏感性。而如果胰岛B细胞功能障碍,就会进展为糖尿病。注射STZ可直接杀死部分胰岛B细胞,从而能够快速地获取2型糖尿病模型鼠。

2.降糖消脂汤降低血糖的机理:一方面,增加胰岛素靶细胞膜上的受体数量,提高对胰岛素的敏感性;另一方面,增加靶细胞膜上的葡萄糖转运蛋白数量,促进对葡萄糖的吸收。

六、实验结论

降糖消脂汤具有降低血糖水平的功效，其降血糖效果接近于二甲双胍，但与健康小白鼠的血糖水平仍有差距。

> **拓展**
>
> 1、2型糖尿病均存在明显的遗传特异性、家族发病倾向性。
>
> 1型糖尿病的发病，由多个DNA位点参与。其中HLA抗原基因中的DQ位点多态性关系最为紧密。
>
> 2型糖尿病已找到多种确定的基因突变，如胰岛素基因、胰岛素受体基因、葡萄糖激酶基因、线粒体基因等。
>
> 若要进一步探究，人参是降糖消脂汤中降血糖的必要成分，自变量为有无人参，其他操作与丙组相同。
>
> 故应增加一组实验，该组的操作是用去除了人参的降糖消脂汤灌喂小白鼠（用高脂饲料饲喂，并注射STZ）。

七、命题意图

本实验对应《课标》内容要求1.4.2：举例说明激素通过分级调节、反馈调节等机制维持机体的稳态。

本实验旨在训练学生动手设计实验，同时强化学生对有关实验设计过程的掌握和应用。

实验 18

探究不同因素对家兔尿量的影响

一、实验分析

动物尿液的形成过程：流经肾脏的血液，通过肾小球的滤过作用后在肾小囊内形成原尿，再经肾单位管道系统的重吸收后，排到膀胱中储存，最终排出体外。单位时间内，膀胱中尿液的积累量即该动物产生的尿量。本实验主要探究血浆高渗环境和抗利尿激素对尿量变化的影响。

静脉注射血浆的高渗溶液可选用20%葡萄糖溶液。抗利尿激素由下丘脑分泌、垂体释放，所以垂体提取液中含有抗利尿激素，可用于研究抗利尿激素对尿量的影响。

尿液储存在膀胱中，最终通过尿道排出体外。为了快速准确测定尿量的变化，实验可采用膀胱插管术收集尿液，以每分钟内产生的尿液滴数为测定指标。

二、实验原理

高渗溶液进入肾小管腔，导致腔内溶液浓度增大，由于肾小管和集合管运输溶质的载体蛋白数量有限，所以多余的溶质就会溶解在水中，带走大量水分，使尿量增加。

抗利尿激素通过促进肾小管与集合管对水的重吸收，使尿量减少。

三、实验准备

健康家兔，手术刀（剪），纱布，注射器，烧杯，操作台，膀胱插管，体重秤，200 g/L氨基甲酸乙酯(麻醉剂),生理盐水,5%葡萄糖溶液(与血浆渗透压相等),20%葡萄糖溶液(血浆的高渗溶液),垂体提取液(含抗利尿激素)等。

四、实验步骤

1.手术准备。

(1)家兔称重后,耳缘静脉注射200 g/L氨基甲酸乙酯(按5 mL/kg注射)。待家兔麻醉后,将其仰卧放置于操作台上。

(2)用手术剪将家兔腹腔打开,在其膀胱血管较少处,用手术刀切一小口,插入插管,用烧杯盛接流出的尿液。手术结束后,用浸润了温热生理盐水的纱布覆盖腹部创口。

2.依次进行以下实验处理,每次实验处理后,都连续记录5 min内每分钟的尿流量。

(1)耳缘静脉注射5 mL 5%葡萄糖溶液,取用尿量最多时的数据。

(2)待尿量恢复稳定后,耳缘静脉注射5 mL 20%葡萄糖溶液,取用尿量最多时的数据。

(3)待尿量恢复稳定后,耳缘静脉注射0.5 mL垂体提取液,取用尿量最少时的数据。

五、实验结果

注射试剂类型	注射前尿量(滴/min)	注射后尿量(滴/min)
5%葡萄糖溶液	4	7
20%葡萄糖溶液	4	16
垂体提取液	7	2

分析

1. 注射5%葡萄糖溶液后，流经肾脏的血浆量增加，通过肾小球过滤后原尿增加，肾小管和集合管的重吸收不变，最终尿量增加。

2. 注射20%葡萄糖溶液后，家兔血糖浓度升高。因为肾小管和集合管运输葡萄糖的载体蛋白数量有限，所以当大量的葡萄糖经滤过作用进入肾小管腔后，仍有多余的葡萄糖未经过载体蛋白回到血浆。肾小管腔内的葡萄糖减弱了肾脏对水的重吸收，使尿量增加。

3. 垂体提取液中含有抗利尿激素，抗利尿激素能提高肾小管和集合管对水的重吸收能力，使尿量减少。

六、实验结论

与血浆等渗的葡萄糖溶液和高浓度葡萄糖溶液均使尿量增加，后者增加幅度更大，说明血浆溶液的浓度是影响尿量变化的重要因素。垂体提取液使尿量减少，说明抗利尿激素通过调节作用影响尿量的变化。

拓展

1. 静脉注射20%葡萄糖溶液后，如何证明尿液中含有葡萄糖？

提示

取少量尿液，用斐林试剂检测，若出现砖红色沉淀，则说明尿液中含有葡萄糖。

2. 静脉注射血浆的高渗溶液，尿量一定会增加吗？

提示

不一定。在一定浓度范围内，静脉注射的高渗溶液，会导致血浆渗透压升高，刺激下丘脑的渗透压感受器，通过反射最终作用于下丘脑的内分泌细胞，使得下丘脑分泌抗利尿激素，促进肾小管和集合管对水分的重吸收，从而引起尿量减少。

超过一定浓度后，大量的溶质进入肾小管腔，超过了肾小管壁细胞上吸收运输溶质的载体蛋白的数量，从而导致肾小管腔中的溶液浓度升高，溶质溶解在水中排出，带走大量的水分，引起尿量增加。

3. 设计实验:尿量的变化是神经调节和体液调节共同作用的结果。

提示

实验思路:先向实验体注射一定浓度范围内的高渗溶液,然后第一组使用抑制神经调节的药物,第二组使用抗利尿激素,第三组使用抑制神经调节的药物和抗利尿激素,第四组不做任何处理,最后观察实验体的尿量变化。

七、命题意图

本实验对应《课标》内容要求概念1:生命个体的结构与功能相适应,各结构协调统一共同完成复杂的生命活动,并通过一定的调节机制保持稳态;《课标》内容要求1.4.3:举例说出神经调节与体液调节相互协调共同维持机体的稳态。

本实验内容与日常生活息息相关,不仅能强化学生对水盐平衡调节过程的理解,还能让其学以致用,用所学知识解释社会或生活中的实际问题。

参考文献

邹明新.兔尿生成实验中不同葡萄糖用量对尿量的影响[J].生物学通报,2013,48(12):49-50.

验证关于免疫机理存在的克隆选择学说

一、实验分析

免疫机理存在两种学说：诱导学说和克隆选择学说。

诱导学说认为，人体有很多淋巴细胞，这些细胞最初并不是带有不同抗体，只有在与抗原分子接触后，在抗原的影响下，才分化出与抗原互补的抗体。克隆选择学说认为，人体内本来就存在着各种淋巴细胞，这些淋巴细胞表面本来就带有与某种抗原互补的受体，当某种抗原侵入后，少数淋巴细胞能与抗原选择性地结合，并恢复分裂能力，产生大量带有相同抗体的淋巴细胞群。

要想实施本验证实验，理解克隆选择学说是关键。本实验需分别用两种不同的抗原X、Y来检测机体内不同的淋巴细胞。本实验设置A、B两个实验组，均先用高剂量的放射性同位素标记的抗原X杀死A组和B组中全部的带有与抗原X互补受体的淋巴细胞。再用抗原X入侵A组，因为不存在含有与抗原X互补受体的淋巴细胞，所以不发生特异性免疫反应；而用抗原Y入侵B组，因为含有与抗原Y互补受体的淋巴细胞未被杀死，所以会发生特异性免疫。为保证实验的准确性，还应设计对照组C组，先注射不含放射性的高剂量抗原X，再注射不含放射性的抗原Y，因为含有对应互补受体的淋巴细胞未被杀死，所以其两次均可发生特异性免疫。

二、实验原理

本实验使用放射性同位素标记法标记抗原，能清楚观察到带有与某种抗原互补受体的淋巴细胞与抗原特异性结合。

三、实验准备

生长状况相同且健康的小白鼠若干,放射性同位素(发出射线定向杀死特定的淋巴细胞)标记的抗原X,注射器,正常未标记的抗原X和抗原Y等。

四、实验步骤和实验结果

组别	第一次注射	一段时间后,第二次注射	实验结果
实验组A	高剂量的具有放射性同位素标记的抗原X	适宜剂量的抗原X	小鼠不产生抗X抗体
实验组B	高剂量的具有放射性同位素标记的抗原X	适宜剂量的抗原Y	小鼠不产生抗X抗体但产生抗Y抗体
对照组C	高剂量的抗原X	适宜剂量的抗原Y	小鼠产生抗X抗体和抗Y抗体

五、实验结论

人体内本来就存在各种淋巴细胞,这些淋巴细胞表面本来就带有与某种抗原互补的受体,当某种抗原侵入后,少数淋巴细胞能与抗原选择性地结合,并恢复分裂能力,产生大量带有相同抗体的淋巴细胞群。通过比较分析三组实验的结果,验证了免疫调节机理的克隆选择学说。

> **拓展**
>
> 克隆选择学说得到了多方面实验结果的支持。例如,把鞭毛抗原不同的两种沙门氏菌同时注射进小白鼠的足掌,一段时间后再从小白鼠脾脏内分离出浆细胞。将这些浆细胞单独培养在含血清的缓冲液中,经一段时间的培养以后,再把缓冲液一分为二,并分别加入两种沙门氏菌。最后实验结果表明:每一种细胞培养液只能使一种细菌失去活动能力,没有出现过同时使两种细菌失活的情况,可见每一个浆细胞只能够产生一种抗体。
>
> 诱导学说认为,抗原分子必须进入浆细胞中才能促使它产生相应的抗体。这与克隆选择学说所认为的"抗原和产生某种抗体的免疫活性细胞表面的少量特异性的抗体结合以后,就能促使它增殖并产生大量抗体"相悖。

> 1975年阿根廷学者将致敏淋巴细胞与骨髓瘤细胞融合,并将融合细胞作单克隆培养后,获得了只产生一种抗体的单克隆抗体细胞株。这种单克隆抗体的获得不仅为克隆选择学说提供了有力的证据,还为临床应用开辟了崭新的途径。

七、命题意图

本实验对应《课标》内容要求1.5.2:概述人体的免疫包括生来就有的非特异性免疫和后天获得的特异性免疫;《课标》内容要求1.5.3:阐明特异性免疫是通过体液免疫和细胞免疫两种方式,针对特定病原体发生的免疫应答。

通过设计实验验证免疫机理存在的假说,加深学生对免疫机理的理解。另外,本实验旨在要求学生能够运用验证性实验设计的一般步骤,表述验证性实验的结果,同时理解特异性免疫的机理。

实验 20

探究肿瘤治疗过程中哪类T细胞发挥了主要作用

一、实验分析

多特异性抗体是新兴的肿瘤治疗药物。乳腺癌、胃癌肿瘤细胞表面有大量的HER2蛋白,T细胞表面有CD3蛋白和CD28蛋白,研究者依据这三种蛋白的结构特点构建了三特异性抗体(如图20-1所示),预期该抗体能够同时与T细胞和肿瘤细胞特异性结合,加强T细胞对肿瘤细胞的杀伤力。

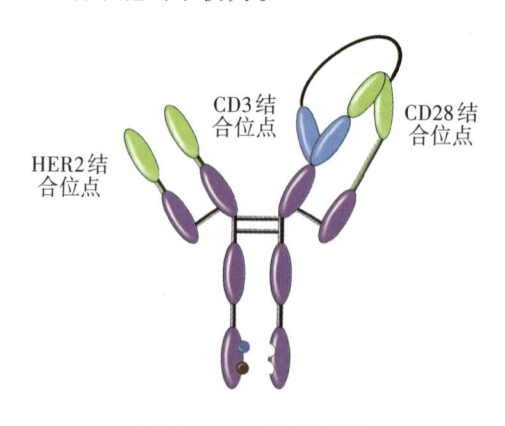

图20-1 三特异性抗体

本实验的目的是探究在肿瘤治疗的过程中哪类T细胞发挥了主要作用,因此实验材料都应该是肿瘤细胞,即需要免疫缺陷的肿瘤模型小白鼠。根据实验目的可知,实验应设置三个实验组,进行相互对照。第一组仅输入辅助性T细胞,第二组仅输入细胞毒性T细胞,第三组应输入两类T细胞,即输入辅助性T细胞和细胞毒性T细胞。最终根据肿瘤是否消失来判断到底是哪种T细胞在肿瘤治疗中发挥主要作用。

二、实验原理

细胞免疫过程：①被病原体（如病毒）感染的宿主细胞（靶细胞）膜表面的某些分子会发生变化，细胞毒性T细胞能识别变化的信号。②细胞毒性T细胞受刺激后会分裂并分化，形成新的细胞毒性T细胞和记忆T细胞（细胞因子能加速这一过程）。③新形成的细胞毒性T细胞在体液中循环，它们可以识别并接触、裂解被同样病原体感染的靶细胞。④靶细胞裂解、死亡后，病原体暴露出来，抗体可以与之结合，或被其他细胞吞噬掉。

三、实验准备

免疫缺陷的肿瘤模型小白鼠若干，辅助性T细胞，细胞毒性T细胞，三特异性抗体等。

四、实验步骤及结果

组别	一组	二组	三组
实验对象	免疫缺陷的肿瘤模型小白鼠	免疫缺陷的肿瘤模型小白鼠	免疫缺陷的肿瘤模型小白鼠
处理Ⅰ	输入辅助性T细胞	输入细胞毒性T细胞	输入辅助性T细胞和细胞毒性T细胞
处理Ⅱ	输入三特异性抗体	输入三特异性抗体	输入三特异性抗体
实验结果	肿瘤几乎完全消失	肿瘤无显著变化	肿瘤几乎完全消失

五、实验结论

若细胞毒性T细胞缺少辅助性T细胞的辅助则无法抑制肿瘤，而辅助性T细胞能单独发挥抑制肿瘤的作用。

> **拓展**
>
> 1. 抗肿瘤药物研究的新思路。
>
> 三特异性抗体主要是通过辅助性T细胞对肿瘤进行免疫的，而辅助性T细胞在免疫过程中起到传递抗原信息的作用。结合本探究实验结果，采用肿瘤药物的治疗方式是制备三特异性抗体的单克隆抗体。

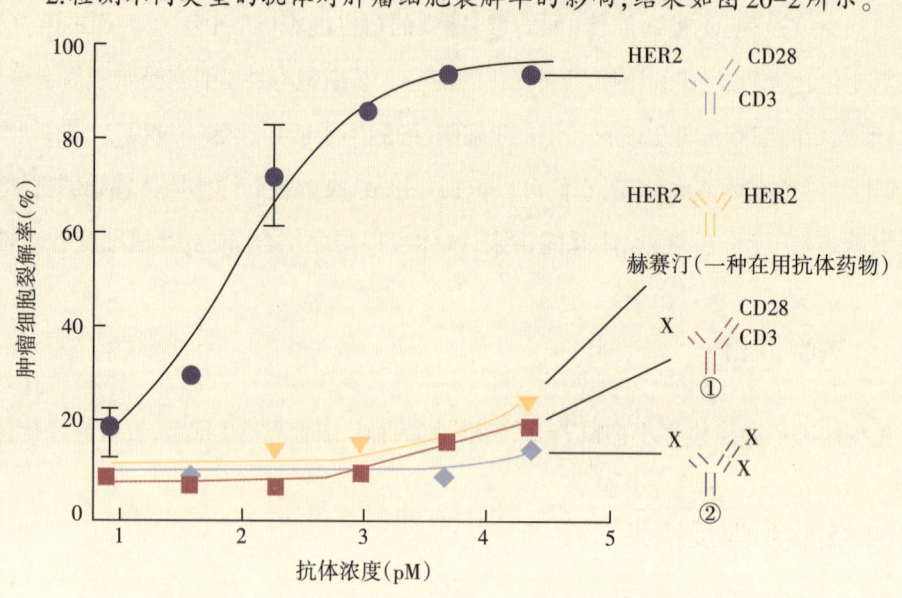

2.检测不同类型的抗体对肿瘤细胞裂解率的影响,结果如图20-2所示。

图20-2 不同类型的抗体对肿瘤细胞裂解率的影响

该实验的自变量是抗体浓度及不同的抗体。X的设计原则是不能与HER2蛋白、CD3蛋白和CD28蛋白发生特异性结合。这样抗体①只能与T细胞结合,抗体②既不与肿瘤细胞结合也不与T细胞结合,另外的抗体是只能与肿瘤细胞结合。通过实验结果的相互对比,说明三特异性抗体能通过与T细胞结合进而影响细胞免疫,起到治疗肿瘤的作用。

六、命题意图

本实验对应《课标》内容要求1.5.1:举例说明免疫细胞、免疫器官和免疫活性物质等是免疫调节的结构与物质基础。

本实验旨在使学生了解免疫系统能够抵御病原体侵袭、识别并清除体内衰老、死亡或异常的细胞,实现机体稳态这一重要内容,同时培养学生的科学思维。

实验 21

关于植物生长素的系列实验

一、探究植物向光性的原因

（一）实验分析

本实验旨在探究植物向光弯曲的原因，在观察到植物向光生长这一现象后，初步猜测是光照方向影响了胚芽鞘的生长方向，本实验的目的就是要证明这一猜想。

实验中的自变量为胚芽鞘的处理方式：胚芽鞘不做处理，目的在于和其他组做比较；去掉胚芽鞘尖端，目的在于说明弯曲生长和胚芽鞘尖端的关系；胚芽鞘尖端罩上锡箔纸和在胚芽鞘尖端下方罩上锡箔纸，目的在于找出胚芽鞘的具体感光部位。实验中的因变量为胚芽鞘的生长方向，根据单一变量原则，将自变量和因变量对应分析即可得出结论。

（二）实验原理

胚芽鞘在接收到不同方向的光照时会发生向光弯曲现象。

（三）实验准备

生长状况相同的金丝雀虉草胚芽鞘若干，不透光的锡箔纸，光源等。

（四）实验步骤

1.将若干生长状况相同的金丝雀虉草胚芽鞘均分为A、B、C、D四组。

2.A组胚芽鞘不做处理；B组胚芽鞘去掉尖端；C组胚芽鞘尖端罩上锡箔纸；D组胚芽鞘尖端下方罩上锡箔纸。（图21-1）

3. 四组胚芽鞘均用相同方向、相同强度的单侧光照射相同时间。

4. 观察四组胚芽鞘的生长方向。

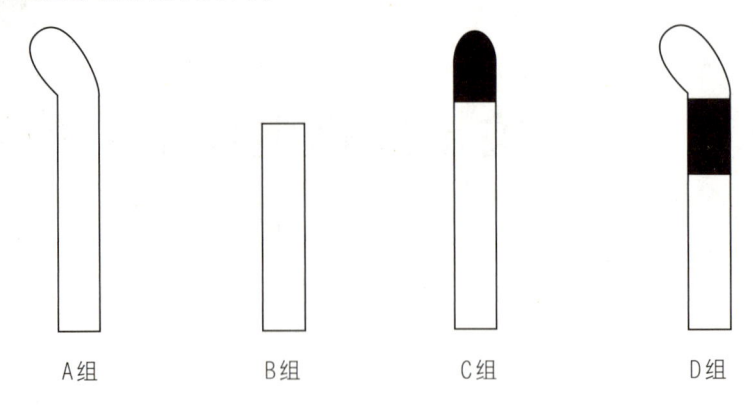

A组　　B组　　C组　　D组

图21-1　四组胚芽鞘的不同处理方法示意图

(五)实验结果

组别	胚芽鞘生长方向
A组	弯向光源生长
B组	不生长,不弯曲
C组	直立生长
D组	弯向光源生长

分析

将A组和B组作为一组对照实验分析,A组发生了向光弯曲生长,B组不生长不弯曲,说明胚芽鞘的生长情况与胚芽鞘的尖端是有关系的;将A组和C组作为一组对照实验分析,A组发生了向光源弯曲生长,说明其感光正常,C组胚芽鞘直立生长,其尖端被锡箔纸罩住,两组对比说明尖端是感光部位;将A组和D组作为一组对照实验分析,A组发生了向光源弯曲生长,说明其感光正常,D组虽然其尖端下方被罩住但胚芽鞘还是弯曲生长,说明尖端以下不是感光部位,不影响感光。

(六)实验结论

胚芽鞘的尖端是感光部位,受到单侧光刺激后,胚芽鞘会向光源弯曲生长。

> **拓展**
>
> 1.金丝雀虉草在日常生活中不易获取,是否可以将材料换成玉米胚芽鞘进行实验?使用玉米胚芽鞘进行实验有何好处?
>
> **参考答案**
>
> 可以使用玉米胚芽鞘进行实验,使用玉米胚芽鞘的好处:玉米胚芽鞘材料更好获得,玉米的种子颗粒更大、种子萌发较快且长出的玉米胚芽鞘也较长,实验观察时更为方便。
>
> 2.胚芽鞘在实验过程中有弯向光源生长现象,你认为是胚芽鞘尖端发生弯曲生长还是胚芽鞘尖端下部发生弯曲生长,对此你能否设计一个探究实验?
>
> 图21-2 胚芽鞘的生长示意图
>
> **方案**
>
> 在胚芽鞘上画线进行标记,其弯曲生长后观察线段的距离变化,若此部位间距变大则说明此部位发生生长。(图21-2)

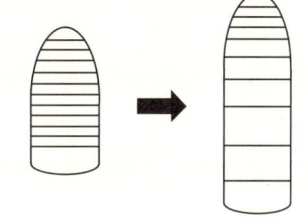

二、探究胚芽鞘尖端产生的"影响"是否可以传递到胚芽鞘尖端下部

(一)实验分析

本实验的目的是探究胚芽鞘尖端产生的"影响"是否可以传递到胚芽鞘尖端下部。要证明是否有传递现象,需要先将胚芽鞘尖端和胚芽鞘尖端下部分开,使其无直接接触,再用琼脂块将尖端和尖端下部连接。若被琼脂块隔开的尖端下部仍可以继续生长,则证明尖端产生的"影响"可以传递到尖端下部;若被琼脂块隔开的尖端下部不生长,则证明尖端产生的"影响"不能传递到尖端下部。通过观察实验处理后的胚芽鞘生长状况,可以得出结论。

(二)实验原理

琼脂块可以吸收化学物质,但不提供其他营养元素,使用琼脂块可将胚芽鞘尖端和胚芽鞘尖端下部隔绝,使尖端产生的"影响"无法直接传递到胚芽鞘尖端下部。若被琼脂块隔绝后的胚芽鞘受到单侧光照射后还能够发生向光弯曲,则证明胚芽鞘产生的"影响"是能够透过琼脂块并传递到胚芽鞘尖端下部的。

(三)实验准备

生长状况良好的金丝雀虉草胚芽鞘若干,空白琼脂块,光源等。

(四)实验步骤

先将生长状况良好的金丝雀虉草胚芽鞘尖端横切开,再在切面上放置空白琼脂块,然后在空白琼脂块上面放上被切下的胚芽鞘尖端,最后使用单侧光照射,并观察胚芽鞘的生长情况。(图21-3)

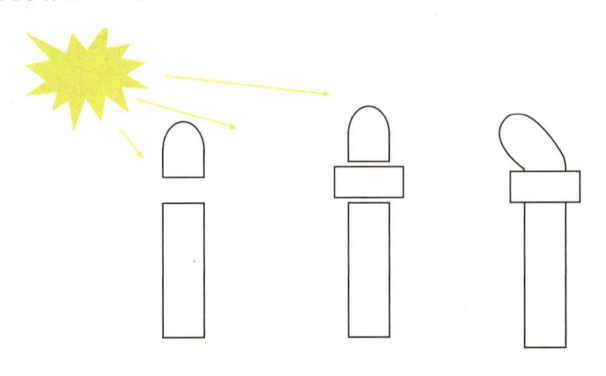

图21-3 实验过程示意图(1)

(五)实验结果与结论

实验结果:胚芽鞘弯向光源生长。

实验结论:胚芽鞘尖端产生的"影响"可通过琼脂块传递到尖端下部。

> **拓展**
>
> 1.将琼脂块换成玻璃片,实验结果是否相同?
>
> **参考答案**
>
> 不相同,使用玻璃片会导致胚芽鞘尖端产生的"影响"无法穿过玻璃片并到达胚芽鞘尖端下部。
>
> 2.根据琼脂块的性质,你认为"影响"的本质是一种化学物质吗?
>
> **参考答案**
>
> 因为琼脂块可以吸收化学物质,所以在实验过程中尖端产生的"影响"会先扩散进琼脂块中,再从琼脂块中扩散到尖端下部。由此可初步推测尖端产生的"影响"为一种化学物质。

三、探究胚芽鞘弯曲生长的内因

(一)实验分析

本实验的目的是探究胚芽鞘弯曲生长的内在原因。前一个实验中已经得知胚芽鞘尖端产生的"影响"能够传递到尖端下部,使其生长。胚芽鞘的弯曲生长与这种"影响"有何具体关系?这是本实验探究的重点。

实验过程中的自变量为放置胚芽鞘尖端的位置,两组尖端放置的位置不同,其传递的"影响"位置也不同。因变量为胚芽鞘的弯曲情况,两组胚芽鞘生长弯曲的方向不同。由此可对两个变量进行分析,得出结论。

(二)实验原理

在黑暗情况下,排除光照的影响,胚芽鞘会直立生长。将胚芽鞘横切开后,放置在切面一侧,让尖端产生的"影响"只传递到切面接触的一侧,一段时间后胚芽鞘发生弯曲生长,这说明"影响"分布不均会导致胚芽鞘弯曲生长。

(三)实验准备

生长状况相同的金丝雀虉草胚芽鞘若干,小刀等。

(四)实验步骤

先将生长状况相同的金丝雀虉草胚芽鞘均分为两组,再在黑暗条件下,将两组胚芽鞘尖端横切开,然后将其尖端放在横切面的左侧和右侧,最后观察两组胚芽鞘的生长情况。(图21-4)

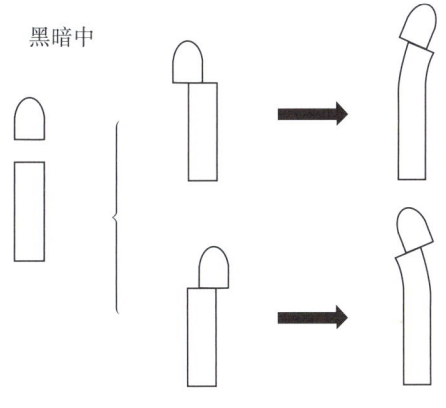

图21-4 实验过程示意图(2)

（五）实验结果与结论

实验结果：在黑暗情况下，胚芽鞘弯向放置尖端的对侧生长。

实验结论：胚芽鞘弯曲生长的原因是尖端产生的"影响"在胚芽鞘尖端以下分布不均匀。

> **分析**
>
> 为排除光照的影响，实验在黑暗中进行，两组实验形成相互对照。实验的自变量是尖端放置的位置（尖端两侧放置，目的是将尖端产生的"影响"不均匀地传递到尖端以下），因变量是弯曲的方向。若在此条件下尖端弯曲生长，则说明"影响"分布不均会造成胚芽鞘尖端弯曲生长。

> **拓展**
>
> 在实验过程中，胚芽鞘切面太小，尖端放上去后容易脱落，你能否设计一个方案，既能简化操作的难度又能达到同等的效果？
>
> **方案**
>
> 切去一半的胚芽鞘尖端或将胚芽鞘尖端与尖端下部之间切出一个缺口。（图21-5）

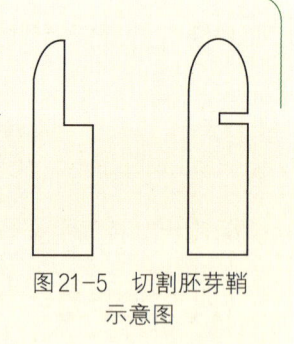

图21-5 切割胚芽鞘示意图

四、证明引起胚芽鞘弯曲生长的"影响"是一种化学物质

（一）实验分析

本实验的目的是证明引起胚芽鞘弯曲生长的"影响"实际上是一种化学物质。实验过程中非常巧妙地运用了琼脂块，若能将"影响"转移到琼脂块中，则能够说明"影响"是一种化学物质。

实验的自变量：接触过胚芽鞘尖端的琼脂块1和未接触过尖端的琼脂块2；因变量：胚芽鞘的生长情况。若琼脂块1能使胚芽鞘发生弯曲生长，则说明琼脂块1中含有胚芽鞘尖端传递的某种化学物质，且这种化学物质能传递到尖端下部并让胚芽鞘发生弯曲生长。由此可得出结论："影响"是一种化学物质。

(二)实验原理

琼脂块可吸收胚芽鞘尖端产生的化学物质,但琼脂块本身并不提供其他营养物质,接触过胚芽鞘尖端的琼脂块放置于胚芽鞘上后也不会受到光照的影响,因此可将琼脂块作为实验介质使用。在两组胚芽鞘切面的相同侧分别放置空白琼脂块和接触过胚芽鞘尖端的琼脂块,观察其生长情况,若放置了接触过胚芽鞘尖端的琼脂块组发生了弯曲生长,另一组未发生弯曲生长,则能够证明引起胚芽鞘发生弯曲生长的"影响"是胚芽鞘尖端产生的一种化学物质。

(三)实验准备

生长状况相同的金丝雀虉草胚芽鞘若干,空白琼脂块等。

(四)实验步骤

实验如图21-6所示。

1.将生长状况相同的金丝雀虉草胚芽鞘均分为A、B两组,且都切去尖端。

2.将两组胚芽鞘切去的尖端放在空白琼脂块上,3 h后,移去尖端,将琼脂块切成小块备用。

3.A组胚芽鞘切面左侧放上空白琼脂块,B组胚芽鞘切面左侧放上接触过胚芽鞘尖端的琼脂块。

4.观察两组胚芽鞘的生长情况。

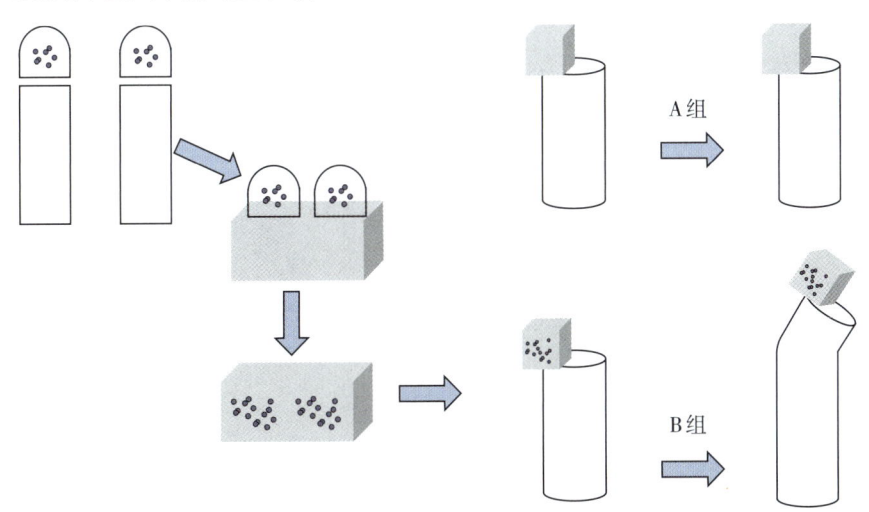

图21-6 实验过程示意图(3)

（五）实验结果与结论

实验结果：A组胚芽鞘不生长也不弯曲；B组胚芽鞘弯向右侧生长。

实验结论：胚芽鞘的弯曲生长是由一种化学物质引起的。

分析

A组胚芽鞘既不发生生长也不发生弯曲，B组胚芽鞘弯向右侧生长，说明接触了尖端的琼脂块中含有某种物质，并将此物质传递到胚芽鞘的切面下方，使胚芽鞘发生弯曲生长。由此可证明，引起胚芽鞘发生弯曲生长的原因确实是尖端产生的某种化学物质。

拓展

含有生长素的琼脂块受到单侧光照是否会使胚芽鞘发生弯曲生长？对此请你设计一个探究实验证明琼脂块内的生长素不会受到光照的影响。

方案

先将切下来的胚芽鞘尖端放置在空白琼脂块上3 h，然后移去尖端，再将处理后的琼脂块放于切去尖端的胚芽鞘正上方，最后用单侧光照射，并观察胚芽鞘的生长情况。（图21-7）

若胚芽鞘弯向光源生长，则说明琼脂块内的生长素会受到光照的影响；若胚芽鞘直立生长，则说明琼脂块内的生长素不会受到光照的影响。

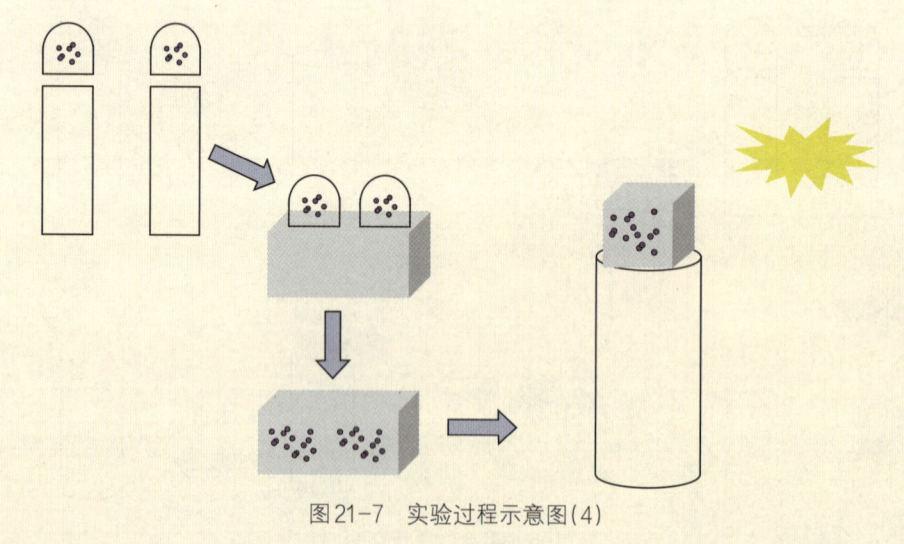

图21-7 实验过程示意图(4)

五、命题意图

本系列实验对应《课标》内容要求1.6.1：概述科学家经过不断的探索，发现了植物生长素，并揭示了它在调节植物生长时表现出两重性：既能促进生长，也能抑制生长。

本系列实验旨在考查学生验证简单生物学事实的能力，提高学生对实验现象和实验结果进行解释、分析和处理的能力。

参考文献

[1]李秀军,梁爽.以玉米胚芽鞘为材料的"生长素的发现"系列实验[J].生物学通报,2016,51(09):52-54.

[2]何莉燕.让生物科学史走进实验室——以"生长素的发现"实验探究为例[J].生物学教学,2020,45(08):43-45.

实验 22

探究植物生长素的极性运输

一、实验分析

实验过程中的自变量为胚芽鞘的放置方向:将胚芽鞘形态学上端朝上,形态学下端朝下,即为极性运输的方向;将胚芽鞘形态学上端朝下,形态学下端朝上,即为非极性运输的方向。胚芽鞘朝上的切面放置的琼脂块均含生长素,朝下的切面放置的琼脂块均不含生长素。

实验的因变量为胚芽鞘下方切面放置的琼脂块中植物生长素的有无。若在下方琼脂块中检测到生长素,就表示上端琼脂块中的生长素运送到了下端琼脂块中;反之,则没有运送到下端琼脂块中。

若极性运输方向的下方琼脂块中检测出植物生长素,非极性运输方向的下方琼脂块中未检测出植物生长素,则证明在胚芽鞘中生长素只能进行极性运输。

如何检测琼脂块中是否存在生长素,可以结合生长素的生理作用进行实验设计。将下方的两块琼脂块均放于胚芽鞘切面的右侧,因为生长素能促进细胞生长,所以含有生长素的部位会比不含生长素的部位生长得更快,如果胚芽鞘弯向左侧生长,则说明此琼脂块中有生长素。

二、实验原理

生长素只能从胚芽鞘的形态学上端运送到形态学下端,不能反着运输。

三、实验准备

生长状况相同且适宜的燕麦胚芽鞘若干,不含生长素的琼脂块,含生长素的琼脂块等。

四、实验步骤

1. 将若干生长状况相同且适宜的燕麦胚芽鞘切去 2 mm 的顶端,均分为 A、B 两组。
2. A 组胚芽鞘形态学上端朝上,放含有生长素的琼脂块,形态学下端朝下,安放在不含生长素的琼脂块上;B 组胚芽鞘形态学下端朝上,放含有生长素的琼脂块,形态学上端朝下,安放在不含生长素的琼脂块上。(图 22-1)
3. 3 h 后取出 A、B 两组下方的琼脂块,将其放于胚芽鞘切面左侧,观察胚芽鞘的生长情况。(图 22-2)

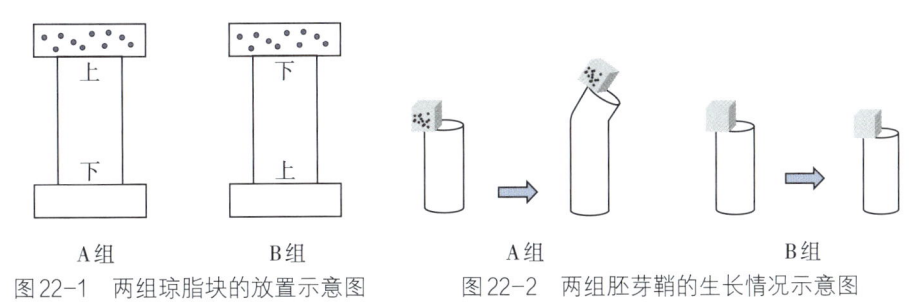

图 22-1 两组琼脂块的放置示意图　　图 22-2 两组胚芽鞘的生长情况示意图

五、实验结果

组别	胚芽鞘生长情况
A 组	弯曲生长
B 组	不生长,不弯曲

> **分析**
>
> 　　根据原理和实验结果可知,放置了 A 组下方琼脂块的胚芽鞘弯向右侧,这说明 A 组上方的琼脂块中的生长素运送到了下方琼脂块中;放置了 B 组下方琼脂块的胚芽鞘不生长不弯曲,这说明 B 组上方的琼脂块中的生长素未运送到下方琼脂块中。两组实验的变量为胚芽鞘的放置方向不同,A 组上方为胚芽鞘形态学上端,B 组上方为胚芽鞘形态学下端。经过分析,胚芽鞘中的生长素只能由胚芽鞘的形态学上端运送到形态学下端。

六、实验结论

生长素只能由胚芽鞘的形态学上端运送到形态学下端。

拓展

1. 内源生长素是否会影响实验结果？

方案

为了确定内源生长素是否对实验有影响，可以添加一个C组：在胚芽鞘上下两端放入两块空白琼脂块，3 h后取出放于胚芽鞘下端的琼脂块，并将其置于新的切去尖端的胚芽鞘上。如果胚芽鞘不生长，则可以证明内源生长素对实验不会有影响；反之，如果胚芽鞘生长，则可以证明内源生长素会影响实验结果。

2. 重力是否会影响实验结果？如何排除重力对生长素分布的影响？

方案

当实验中颠倒琼脂块时，需要考虑重力对生长素极性运输的影响，为了排除重力对极性运输的影响，可以将两组胚芽鞘水平放置进行实验。（图22-3）

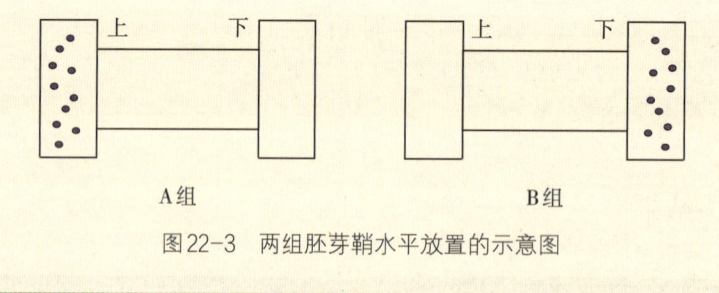

图22-3 两组胚芽鞘水平放置的示意图

七、命题意图

本实验对应《课标》内容要求1.6.1：概述科学家经过不断的探索，发现了植物生长素，并揭示了它在调节植物生长时表现出两重性，既能促进生长，也能抑制生长。

本实验旨在考查学生对实验的分析能力、理解能力和设计能力，同时培养学生的逻辑思维能力。

参考文献

梁玮."生长素的极性运输"开放性实验探究和改进[J].中学生物学,2018,34(01):35-36.

实验 23

探究植物向光生长的原理

一、实验分析

生长素分布不均是造成植物向性运动的主要原因。

实验目的：探究植物向光生长的原理。

首先，做出假设，提出观点。例如：观点一，因单侧光照（或重力）刺激，导致生长素或抑制生长物质发生分解；观点二，因单侧光照（或重力）刺激，导致抑制生长物质发生横向运输。

其次，确定变量及控制方案。本实验使用燕麦胚芽鞘作为实验材料，单侧光照（或重力）是必须存在的，因此要将胚芽鞘尖端分为向光侧（向地侧）与背光侧（背地侧）两部分来研究。如何分开研究？建议使用云母片，其可以阻断横向运输，但不影响生长素或抑制生长物质的分解，因此，云母片的有无或插入的部位可作为自变量，另外因变量为生长素或抑制生长物质的分布。如何检测？可利用琼脂块，分别收集实验组胚芽鞘尖端所产生的物质，然后放置在切去尖端的胚芽鞘两侧，观察黑暗条件下胚芽鞘弯曲生长的方向。

二、实验原理

植物的向性运动受基因和外界环境条件的控制，如受光照、重力、水分以及化学物质等刺激的影响，产生向光性、向重力性、向水性和向化性等。这些现象主要与生长素分布不均匀有关，但有学者认为也与某些抑制生长的物质分布不均匀有关。

造成生长素分布不均匀的原因有两种观点。

观点一：因单侧光照（或重力）刺激，导致生长素或抑制生长物质发生分解。
观点二：因单侧光照（或重力）刺激，导致抑制生长物质发生横向运输。

三、实验准备

生长状况相同的燕麦胚芽鞘若干，手术刀，琼脂块，云母片等。

四、实验步骤

1.将生长状况相同的燕麦胚芽鞘均分为甲、乙、丙三组，并分别进行相应处理(A、B、C、D、E、F为琼脂块)。几小时后，将琼脂块置于切去尖端的胚芽鞘上。(图23-1)

2.在相同且适宜的避光环境中培养两天后，观察胚芽鞘生长情况。

甲组

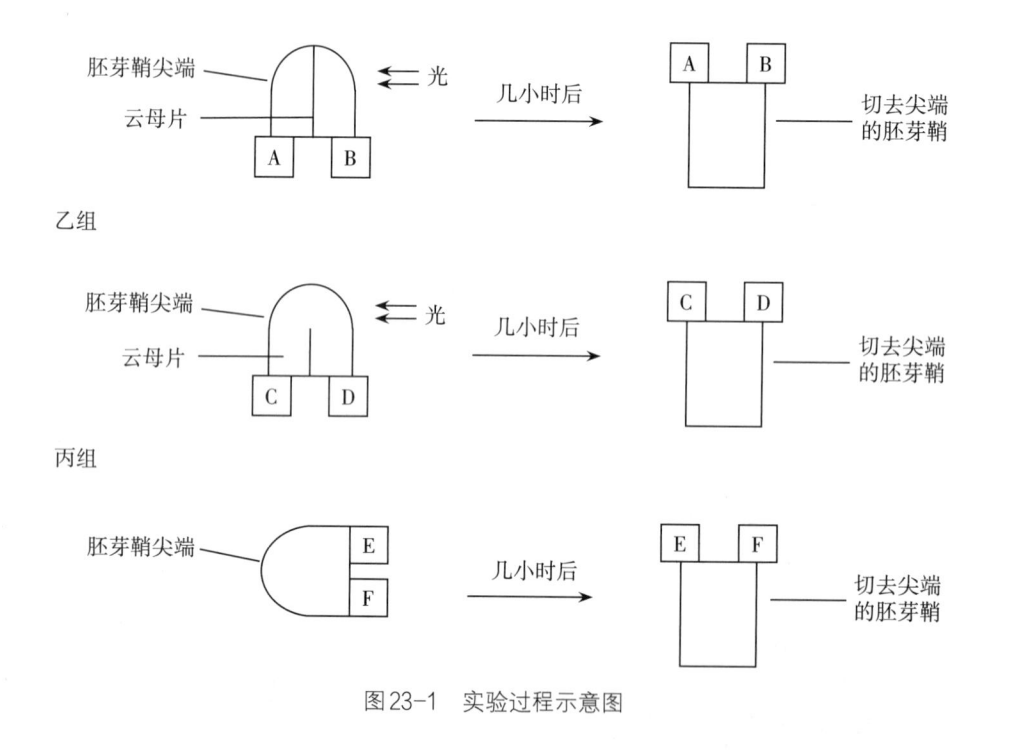

乙组

丙组

图23-1 实验过程示意图

五、实验结果预测

1.甲组胚芽鞘向右弯曲生长或直立生长。
2.乙组胚芽鞘向右弯曲生长。

3.丙组胚芽鞘向左弯曲生长。

> **分析**
>
> 1.甲组：云母片阻断了可能发生的横向运输，可以验证生长素或抑制生长物质是否发生分解。若发生向光侧生长素分解，则B中生长素含量低于A，胚芽鞘向右弯曲生长；若发生背光侧抑制生长物质分解，则A中抑制生长物质含量低于B，胚芽鞘向右弯曲生长；若两侧均未发生分解，则胚芽鞘直立生长。
>
> 2.乙组：云母片未阻断尖端可能发生的横向运输，但阻断了尖端下部，可初步判断横向运输发生的部位。
>
> 3.丙组：通过与甲、乙组的对比，可以验证重力是否引起生长素或抑制生长物质分布不均匀。若重力可以引起生长素或抑制生长物质分布不均匀，则E中生长素含量低于F，或E中抑制生长物质含量高，从而导致胚芽鞘向左弯曲生长。

六、实验结论

1.若甲组胚芽鞘向右弯曲生长，则观点一正确；若甲组胚芽鞘直立生长，乙组胚芽鞘向右弯曲生长，则观点二正确。

2.若丙组胚芽鞘向左弯曲生长，则说明重力可以引起生长素或抑制生长物质分布不均匀。

> **拓展**
>
> 目前，植物向光性运动的原因存在两种假说，即生长素分布不均匀假说和抑制生长物质分布不均匀假说。在以燕麦胚芽鞘为材料的研究中，科学家发现背光侧胚芽鞘尖端扩散到琼脂块中的生长素含量高于向光侧；在以向日葵幼苗为材料的研究中，科学家发现单侧光并未引起生长素分布不均匀，而是使黄质醛等生长抑制物质在向光侧积累，引起向日葵幼苗向光弯曲。这些问题都可以开展后续探究。

七、命题意图

本实验对应《课标》内容要求1.6.1：概述科学家经过不断的探索，发现了植物生长素，并揭示了它在调节植物生长时表现出两重性，既能促进生长，也能抑制生长；《课标》内容要求1.6.4：概述其他因素参与植物生命活动的调节。

本实验旨在锻炼学生识记能力，要求学生能理解所学知识要点，把握知识间的内在联系。

实验 24

顶端优势及解除顶端优势

一、实验分析

顶端优势与生长素作用相关,生长素的作用是如何引发顶端优势的呢?

提示

生长素的作用表现出两重性,而生长素运输存在向重力性。顶芽的生长素向下运输,并积累在侧芽处,使侧芽处生长素浓度过高,从而抑制侧芽生长。

二、实验原理

生长素是植物生长过程中的重要激素,它的作用相对于其他激素而言,显得尤为重要,主要表现在生长素作用的两重性方面。生长素作用的两重性指的是,一般情况下,生长素在浓度较低时促进生长,在浓度过高时抑制生长。因此,在同一植株的不同部位,生长素的浓度不同,生长素表现出的生理作用也不相同。另外,生长素的运输会受环境影响,体现出向光性、向重力性等。

三、实验准备

生长状况相同的某绿色开花植物若干,生长素运输抑制剂,修枝剪等。

四、实验步骤

1. 将若干生长状况相同的某绿色开花植物平均分成三组,编号为甲、乙、丙。

2. 甲组植株不做处理,作为对照组;乙组摘除顶芽;丙组在植株上涂抹适宜浓度的生长素运输抑制剂。(图24-1)

3. 在适宜且相同的环境条件下培养,并记录同一时间节点下,植株顶芽和侧芽的长度以及生长素浓度。

4. 统计并分析所得数据。

甲:不做处理　　乙:摘除顶芽　　丙:涂抹生长素运输抑制剂

图24-1　三组植株的不同处理方法

五、实验结果

组别		甲组			乙组			丙组		
培养时间		1天	2天	3天	1天	2天	3天	1天	2天	3天
长度(mm)	顶芽	5	20	50	/	/	/	5	11	13
	侧芽	6	8	9	6	20	30	6	21	35
生长素浓度(mol/L)	顶芽	0.1	0.09	0.06	/	/	/	0.1	0.11	0.1
	侧芽	0.11	0.12	0.14	0.11	0.11	0.11	0.11	0.11	0.1

> **分析**
>
> 　　由原理和结果数据可知,甲组作为无特殊处理的对照组,可以与其他特殊处理的组形成对照。由甲组可知,随着培养时间的延长,顶芽生长速度比侧芽还要快,从现象上体现出顶端优势,且顶芽生长素浓度减少,减少量约等于侧芽生长素浓度增加量,推测是由于生长素从顶芽运输到了侧芽。
>
> 　　乙组顶芽摘除,丙组涂抹生长素运输抑制剂,这两种方式都可以阻断生长素从顶芽向下运输。从实验结果来看,乙、丙两组的侧芽相比甲组都生长加快。从生长素浓度的数据来看,乙、丙两组也没有出现生长素从顶芽向侧芽的明显转移。

六、实验结论

实验表明,植物的顶端优势是由于植物的顶端产生了较多的生长素,并向下运输,导致侧芽处的生长素浓度升高,高浓度的生长素抑制了侧芽的生长,而顶芽处生长素的浓度较低,因而生长较快,由此出现顶芽生长快、侧芽生长慢的现象。摘除顶芽或使用生长素运输抑制剂可以阻断生长素从顶芽向侧芽运输,从而解除顶端优势。

> **拓展**
>
> 除生长素外,顶端优势还与其他植物激素有关。
>
> 研究表明,用细胞分裂素处理侧芽,可去除生长素的抑制作用,侧芽能萌发、生长。因此,侧芽生长受抑制是因为根部合成的细胞分裂素优先供应给了顶芽,而侧芽缺少细胞分裂素所致。用赤霉素处理枝条顶端,可增强生长素的作用,即增强顶端优势。但去掉顶芽后,赤霉素不能代替生长素抑制侧芽的作用,相反,会引起侧芽猛烈生长。

七、命题意图

本实验对应《课标》内容要求1.6.1:概述科学家经过不断的探索,发现了植物生长素,并揭示了它在调节植物生长时表现出两重性,既能促进生长,也能抑制生长;《课标》内容要求1.6.3:举例说明生长素、细胞分裂素、赤霉素、脱落酸和乙烯等植物激素及其类似物在生产上得到了广泛应用。

本实验旨在考查生长素的有关知识,同时要求学生能够理解顶端优势的原理并掌握解除顶端优势的方法,能够掌握实验设计的一般原则,能够根据表格数据分析生长素的作用。

实验 25

设计实验证明脱落酸浓度降低可解除对小麦种子萌发的抑制

一、实验分析

小麦、玉米在即将成熟时,如果经历持续一段时间的干热之后又遇到大雨的天气,种子就容易在穗上发芽(脱落酸在高温条件下容易降解)。据此提出问题,做出假设,设计实验进行证明。

首先,确定实验目的:探究脱落酸降解是不是导致种子提前萌发的原因。

接着,确定实验自变量的控制方案。

方案一:控制处理种子的温度或高温处理的时间。但这些操作会使探究过程复杂化,而且探究的目的偏向探究影响脱落酸浓度降低的因素。

方案二:定量添加外源脱落酸,利用梯度浓度实验,证明脱落酸浓度降低可解除种子休眠期。

最后,选择实验材料。题目中小麦、玉米都可作为实验材料。

二、实验原理

脱落酸作为种子萌发的信号物质,通过诱导并维持种子休眠来抑制种子萌发,其既能诱导处于发育阶段的种子休眠,又能在种子吸胀时维持休眠。种子萌发通常是在脱落酸合成途径被抑制而代谢途径被激活,脱落酸含量降低时发生。外源脱落酸浓度不同,延缓种子萌发的时长就会不同,种子生根长度也会不同。

三、实验准备

干热处理过的小麦种子若干，含不同浓度脱落酸的培养基（0 mg/L、10 mg/L、50 mg/L、100 mg/L），保温箱等。

四、实验步骤

1. 将培养基按照浓度高低分为 A、B、C、D 四组，每组取 3 个培养基。
2. 将若干干热处理过的小麦种子等量均匀地点播在四组培养基上。
3. 在相同且适宜环境下培养，每天取样并测量根的长度，同时求出每组的总长度。

五、实验结果

长度(cm) \ 天数(天) \ 脱落酸浓度(mg/L)	1	2	3	4	5	6	7	8	9	10
0	0.2	1.1	2.6	3.7	5	8.6	12	13	15	16
10	0	0.2	1.2	2	3.6	5.8	6.3	8.7	11	12.5
50	0	0	0	0.1	0.2	1.2	2.5	3.6	4.6	6
100	0	0	0	0	0	0.1	0.1	0.2	0.3	1.2

分析

1. 从实验现象来看，随着时间增加，种子萌发数增多，平均根长增加，总长度增加。10 mg/L、50 mg/L、100 mg/L 的脱落酸溶液对小麦种子萌发均具有抑制作用，种子萌发推迟，萌发数量少，平均根长短。

2. 脱落酸浓度降低使小麦种子萌发受到的抑制作用减弱，100 mg/L 脱落酸溶液对小麦种子萌发的抑制作用非常明显，延长了种子的休眠期；脱落酸浓度降低，种子休眠期缩短，再遇大雨，种子吸水萌发。因此，小麦、玉米在即将成熟时，如果经历持续一段时间的干热之后又遇到大雨的天气，种子就容易在穗上发芽。

六、实验结论

脱落酸浓度降低可解除对小麦种子萌发的抑制。

> **拓展**
>
> 种子休眠和萌发的研究对农业发展意义重大。种子的休眠与萌发不仅受脱落酸的调控，还受各种植物激素影响，如赤霉素能加强某种蛋白的降解而引起脱落酸含量降低，细胞分裂素通过阻断脱落酸作用路径而促使种子萌发，乙烯拮抗脱落酸信号等。这些问题都可以开展后续探究。

七、命题意图

本实验对应《课标》内容要求1.6.2：举例说明几种主要植物激素的作用，这些激素可通过协同、拮抗等方式共同实现对植物生命活动的调节。

本实验旨在通过分析现象，提出问题，做出假设，设计实验，培养学生的科学思维以及科学探究能力。

实验 26

探究使用除草剂的最适浓度

一、实验分析

1. 该实验是否需要采用对照实验的方法？实验的自变量和因变量又是什么？

> **提示**
>
> 需要采用对照实验的方法。实验的自变量一为实验材料，二为确定同一实验材料后，2,4-D溶液的浓度。因变量可确定为材料的平均生根长度。

2. 在对照实验中，有哪些需要注意的事项？

> **提示**
>
> 控制无关变量非常重要。虽然所选植物的品种不同，但生长状况、实验处理的时间长短必须相同，处理条件也需要合理且一致；对于未加入2,4-D溶液的空白对照组，还必须加入等量的清水。以上操作都是为了遵循单一变量原则和等量原则，排除无关变量对实验的影响，确保实验结果的差异是因为自变量的不同而导致的。

二、实验原理

生长素类似物与生长素类似，对植物的生长作用具有两重性，即低浓度促进生长，高浓度抑制生长。在生产实践中，2,4-D是最早应用的具有选择性作用的除草剂，常用它除去单子叶农作物田间的双子叶杂草,其对单子叶和双子叶植物的最适浓度是有所区别的。

三、实验准备

生长状况相同的单子叶植物若干,生长状况相同的双子叶植物若干,清水,不同浓度的2,4-D溶液,烧杯,测量尺等。

四、实验步骤

1. 预实验。

(1)选取若干生长状况相同的单子叶植物枝条,尽量保证发育状态和粗细相同,把它们分成7组,每组5株。

(2)将100 mL的2 mol/L、4 mol/L、6 mol/L、8 mol/L、10 mol/L、12 mol/L浓度的2,4-D溶液和100 mL的清水分别装入7只烧杯中,并编号为A、B、C、D、E、F、G。

(3)将各组枝条分别放入相应的烧杯中浸泡,24 h后将浸泡后的枝条取出,晾干。

(4)将晾干后的枝条分别插入相应的烧杯中进行水培,观察各组的生根情况,并做好记录。

(5)分析预实验结果,确定单子叶植物在2,4-D作用下生根长度最大的浓度区间为6~8 mol/L。

2. 正式实验。

在预实验确定的浓度范围内进一步以0.2 mol/L(根据实验要求可进一步缩小浓度梯度)的浓度梯度进行测试,研究枝条生根的最适水平。

(1)选取若干生长状况相同的单子叶植物枝条,尽量保证发育状态和粗细相同,把它们分成11组,每组5株。

(2)分别配制6 mol/L、6.2 mol/L、6.4 mol/L、6.6 mol/L、6.8 mol/L、7 mol/L、7.2 mol/L、7.4 mol/L、7.6 mol/L、7.8 mol/L、8 mol/L浓度的2,4-D溶液各100 mL,并装入11只烧杯中。

(3)浸泡、培养与观察同预实验中的操作。

3. 双子叶植物的实验处理流程与单子叶植物类似。

4. 统计并分析所得数据,绘制结果曲线图。

五、实验结果

单子叶植物和双子叶植物在不同浓度的2,4-D溶液中根的生长情况如图26-1所示。

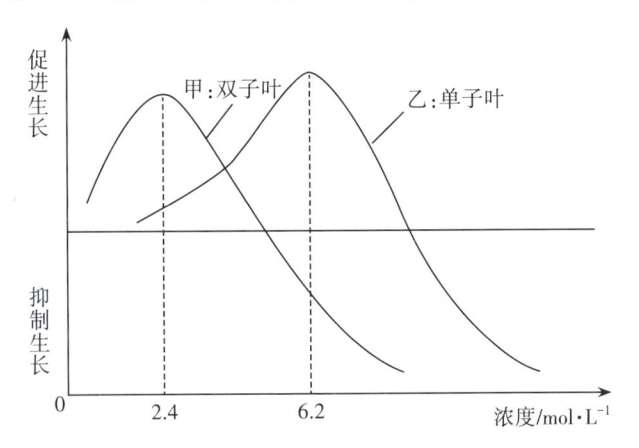

图26-1 单子叶植物和双子叶植物在不同浓度的2,4-D溶液中根的生长情况

分析

甲曲线代表的双子叶植物对生长素浓度更敏感，最适浓度为2.4 mol/L；乙曲线代表的单子叶植物最适浓度为6.2 mol/L。

随着2,4-D溶液的浓度的升高，其对两种植物的生长作用均是先促进后抑制，这说明2,4-D的生长作用具有两重性，低浓度促进生长，高浓度抑制生长，且同一浓度对不同植物的影响不同。

六、实验结论

2,4-D作为一种生长素调节剂，体现出植物生长素的两重性，但对于不同植物，有最适浓度的差异。在本实验中，双子叶植物对2,4-D溶液的浓度更为敏感，若利用此结果进行生产实践的应用，那么既能除去双子叶植物，又能适合单子叶植物生长的最适浓度为6.2 mol/L，此时单子叶植物生根态势最好，同时对双子叶的生根抑制作用明显。

> **拓展**
>
> 　　影响生根的因素除了生长素的浓度还有其他因素,如植株细胞的成熟状况、环境温度、芽体的数量、器官的种类、植物生长素的处理方式、浸泡晾干时间、培养方法、浓度梯度的设置等,所以我们测得的浓度只是在一定条件下的大致浓度。因实验条件改变该浓度亦发生改变,最终所得的"最适浓度"很可能并非绝对的最适,但在实际应用上仍存在指导意义。

七、命题意图

　　本实验对应《课标》内容要求1.6.3:举例说明生长素、细胞分裂素、赤霉素、脱落酸和乙烯等植物激素及其类似物在生产上得到了广泛应用。

　　本实验旨在帮助学生学会用探究的实验方法来研究生长素类似物促进插条生根的最适浓度,感受预试验的重要性,了解生长素类似物对不同实验材料作用的不同,体会由科学理论到生产实践的思维过程。

验证大豆的矮化特性与赤霉素的含量有关

一、实验分析

本实验的目的是验证大豆的矮化特性与赤霉素的含量有关。自变量为是否使用外源赤霉素，因变量是大豆植株的高度，无关变量包括大豆幼苗的原始高度、完全培养液的体积、蒸馏水和赤霉素溶液的体积、培养的条件等。为了让实验现象更明显、实验结果更可信，实验材料应选用大豆矮化品种。

二、实验原理

赤霉素的作用是促进茎部分单个细胞的纵向生长。若大豆苗自身产生的赤霉素较少，则成长后的大豆节间短，植株矮小。用外源赤霉素处理大豆苗后，赤霉素通过促进细胞生长，从而使大豆植株明显增高。

三、实验准备

生长状况相同的矮化品种大豆苗10株，完全培养液，清水，赤霉素溶液，喷水瓶等。

四、实验步骤

1.将生长状况相同的矮化品种大豆苗分为A、B两组，每组5株，并分别放于等量的完全培养液中。

2.分别向A组和B组大豆苗上喷洒适量清水和等量赤霉素溶液。

3.在光照、温度适宜的条件下培养。一周后,测量两组成熟大豆的高度。

五、实验结果

组别	幼苗高度/cm					幼苗平均高度/cm
A组	6	6	7	5	6	6
B组	11	12	13	13	11	12

分析

用清水处理大豆苗后,大豆产生的内源赤霉素较少,促进细胞生长的作用较弱,从而导致大豆苗较矮;用赤霉素溶液处理大豆苗后,增加的外源赤霉素作用于大豆苗,促进细胞生长,从而使植株显著增高。

六、实验结论

大豆矮化是大豆植株自身赤霉素含量较少造成的,而人工施加一定含量的赤霉素,可以解除大豆矮化特性,使植株增高。

拓展

1.实验为什么需要严格控制无关变量?

提示

因为除了赤霉素影响大豆植株的高度外,温度、光照等其他因素也会影响植株的生长。

2.若每组只选用1株幼苗进行实验,是否会影响实验结果的可靠性?为什么?

提示

会影响。因为每组实验材料的数量过少,偶然性大,易造成实验误差。

3.实验结果对生活生产有何启示?

提示

可以施加一定含量的赤霉素以增加植株的高度,但能否达到增产目的,还需进一步探究不同含量的赤霉素对大豆植株产量的影响。

七、命题意图

本实验对应《课标》内容要求1.6.3：举例说明生长素、细胞分裂素、赤霉素、脱落酸和乙烯等植物激素及其类似物在生产上得到了广泛应用。

本实验旨在锻炼学生理解和运用知识的能力，以及对生活实践中的问题进行初步探究的能力，同时要求学生能对实验现象及结果进行分析，并能将其应用到生活、生产中。

实验 28

探究赤霉素和生长素类似物对脱落酸促进叶片脱落作用的影响

一、实验分析

本实验的目的是通过观察落叶时间和落叶总量来判断赤霉素和生长素类似物对脱落酸促进叶片脱落作用的影响。本实验的关键是明确实验的分组及对变量的控制。实验中通过对同种落叶树喷洒等浓度的不同种类的植物生长调节剂达到对变量的处理，为保证变量的单一和排除植物自身产生的激素的影响，对照组应喷洒等量的清水。实验的检测指标为落叶时间和落叶总量，为避免出现较大的统计误差，应保证两次统计的时间间隔一致，同时可以使用摄像机等设备帮助记录。

二、实验原理

叶片脱落的过程中会产生脱落酸，叶片的脱落与脱落酸含量密切相关。植物生长调节剂具有与植物激素类似的效果，通过给进入脱落阶段的叶片提供外源赤霉素和生长素类似物，观察脱落时间的变化可以推断赤霉素、生长素类似物和脱落酸之间的相互影响。

三、实验准备

落叶树若干（如梨树、桃树等，所选树木应具有较多的树叶），清水，一定浓度的赤霉素、2,4-D 和脱落酸溶液，喷壶等。

四、实验步骤

1. 将种类相同、生长状况相同、树叶总量一致的即将进入落叶期的树木分为5组，编号为A、B、C、D、E，每组树木3棵。

2. A组喷洒一定量清水作为对照，B~E组分别喷洒等量等浓度的脱落酸溶液、赤霉素溶液、2,4-D溶液、赤霉素与2,4-D的混合溶液。（注意：喷洒前清理树木下已有的落叶）

3. 每隔两天进行一次步骤2，重复5次。

4. 统计每组第1次喷洒相应溶液后到第1片叶子脱落的时间及落叶量（第1次喷洒结束到第2次喷洒前的时间段）；统计每组落叶总量（第5次喷洒结束后过2天才开始计数）。

五、实验结果

组别	第1次喷洒溶液后的平均落叶量	第1次喷洒溶液后到第1片叶子脱落的平均时间	5次喷洒完成后的落叶总量
A组	4片	约22 h	27片
B组	7片	约17 h	33片
C组	3片	约29 h	24片
D组	3片	约24 h	20片
E组	2片	约37 h	18片

分析

与对照组相比，喷洒脱落酸溶液的树木的落叶量增加，叶片脱落速度加快；喷洒赤霉素溶液和2,4-D溶液的树木的落叶量减少，叶片脱落速度减慢，且赤霉素溶液和2,4-D溶液共同作用的效果更明显。这说明脱落酸可以促进叶片的脱落，而赤霉素和生长素类似物可以抑制叶片脱落。

六、实验结论

叶片脱落主要是由脱落酸含量积累导致，赤霉素和生长素类似物可以抑制植物脱落酸含量的积累从而抑制叶片脱落,且赤霉素和生长素类似物共同使用时,对脱落酸的抑制作用更强。这表明赤霉素和生长素类似物在叶片脱落上与脱落酸起拮抗作用。

> **拓展**
>
> 用含有不同植物激素的琼脂块处理带有叶片的茎,也可以判断赤霉素、生长素类似物和脱落酸之间的相互作用。

七、命题意图

本实验对应《课标》内容要求1.6.2:举例说明几种主要植物激素的作用,这些激素可通过协同、拮抗等方式共同实现对植物生命活动的调节。

本实验旨在考查学生利用植物激素可通过协同、拮抗等方式共同实现对植物生命活动调节的有关知识,同时要求学生能掌握实验设计的一般原则,能够根据各种数据确定赤霉素、生长素类似物和脱落酸对植物器官脱落的影响。

实验 29

赤霉素、细胞分裂素、生长素对豌豆侧芽的生长影响

一、实验分析

豌豆苗自然生长状况下呈现出顶端优势的现象。为了研究植物激素和侧芽生长之间的关系，可以设置不同的对照实验进行探究。比如在顶芽被切除的情况下，切口涂抹不同种类激素，用以探索究竟是哪种激素在抑制侧芽生长；再比如在顶芽不切除的情况下，对侧芽施加不同的激素，用以探究什么激素可以解除侧芽的抑制。

二、实验原理

在植物生长过程中，顶端优势是显而易见的。正常情况下顶芽可以合成并产生植物生长素，侧芽也可以产生生长素，但顶芽产生的多余的生长素会被传递到侧芽，这样就使得侧芽的生长素浓度比较高，而这个浓度会对侧芽的生长构成抑制作用，因此常常可以看到顶芽附近的侧芽生长受到抑制。然而，赤霉素和细胞分裂素分别具有促进细胞生长和分裂的作用，从而产生促进侧芽生长的效果。

三、实验准备

生长状况相同的豌豆植株若干，生长素，赤霉素，细胞分裂素等。

四、实验步骤

1.将若干生长状况相同的豌豆植株平均分为5组，编号为a~e。

2. 每组豌豆植株的处理方式如下表。

	a	b	c	d	e
处理方式	去顶芽,切口涂抹赤霉素	去顶芽	顶芽保留,侧芽涂抹细胞分裂素	去顶芽,切口涂抹生长素	顶芽保留

3. 一段时间后测量侧芽的长度。

五、实验结果

五组豌豆植株经过不同方式处理后,其侧芽生长情况如图29-1所示。

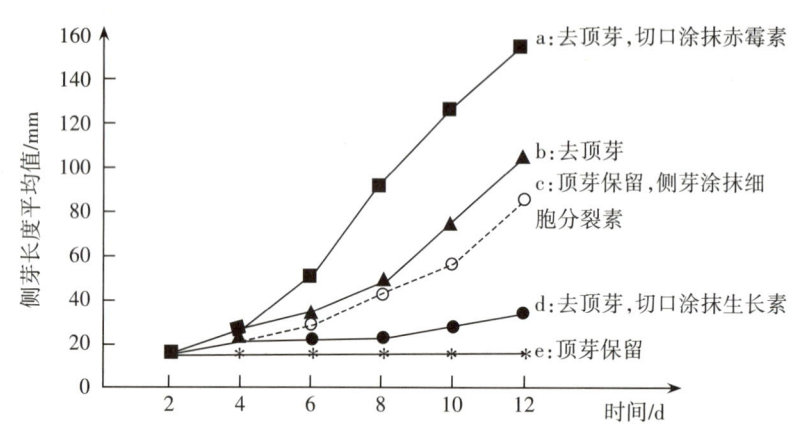

图29-1 经过不同处理后的豌豆植株侧芽生长情况

分析

1. 在b和e这组对照实验中,自变量为是否保留顶芽。当顶芽被去除时,侧芽的生长会显著增加,这表明顶芽会阻碍侧芽的发育。

2. 在b和d这组对照实验中,b组因为去除了顶芽,所以顶芽对侧芽的抑制已经被解除,因此侧芽的生长得到促进;d组虽然去除了顶芽,但是切口涂抹了生长素,因此侧芽的生长受到抑制,这和保留顶芽的效果相接近。这就表明,顶芽之所以能够阻碍侧芽的生长,可能是由于顶芽产生的生长素在起作用。

3. 在e和c这组对照实验中,两组的顶芽都未被切除,但c组的侧芽涂抹了细胞分裂素,因此侧芽的平均长度变长。这表明侧芽受到的抑制被细胞分裂素解除。

4. 在a和b的这组对照实验中,顶芽都被切除,因此两组侧芽的生长都受到了促进,但通过对比发现,涂抹了赤霉素的a组侧芽的长度更长,这说明赤霉素不会产生和生长素一样的抑制作用,反而能够进一步促进侧芽生长。

六、实验结论

顶芽对侧芽的生长有抑制作用,而原因就在于顶芽产生的生长素传递到了侧芽,但细胞分裂素能解除生长素对侧芽的抑制。赤霉素不仅没有抑制作用,还能够促进侧芽生长。综合可知,侧芽的生长受到的不是单一激素的控制,而是同时受到生长素、赤霉素和细胞分裂素的影响,由此推测植物的生长发育受到了各种植物激素的共同调节。

拓展

人们在生产生活中常常需要用到不同的植物激素去处理植物获得高产或者获得较高的观赏性。比如有人就探究了细胞分裂素对多肉植物侧芽萌发的影响。实验的自变量设置了细胞分裂素溶液浓度为 0 mg/L、10 mg/L、50 mg/L、100 mg/L、500 mg/L、1 000 mg/L、2 000 mg/L、3 000 mg/L 的 8 个组。最后统计了多肉茎上萌发的侧芽数。得到如下结果:

品种	细胞分裂素溶液浓度							
	0 ml/L	10 mg/L	50 mg/L	100 mg/L	500 mg/L	1 000 mg/L	2 000 mg/L	3 000 mg/L
虹之玉	1.9	2.1	2.7	3.5	8.8	17.6		
乔伊斯·塔洛克	1.4	1.3	1.5	2.4	8.8	17.5		
姬胧月	0.2	0.6	0.4	1.8	2.6	5.2		
白丽	1.2	2.6	3.4	6	6	15		
青星美人	0	0.6	0.6	2.6	4.2	4.6		
艳日辉	3	3.8	4.2	4.2	5.2	8.8		

从上表可以看出,细胞分裂素的施加有利于侧芽的萌发,但是,表中数据并没有体现出细胞分裂素的两重性,因为当浓度达到 2 000 mg/L 时,植物就濒临死亡了。

这样的研究结果,很显然对于多肉的繁殖工作具有促进作用。

七、命题意图

本实验对应《课标》内容要求 1.6.2:举例说明几种主要植物激素的作用,这些激素可通过协同、拮抗等方式共同实现对植物生命活动的调节。

本实验不仅能帮助学生理解和掌握知识，提高运用知识解决实际问题的能力，还能够帮助学生建立系统论观点，明确所有的生命系统都存在于一定的环境之中，在不断变化的环境条件下，依靠自我调节机制维持其稳态。

参考文献

董艳芳,毛静,童俊,等.景天科多肉植物的侧芽萌发试验[J].中国农学通报,2019,35(17):37-39.

实验 30

探究干旱时植物是否存在信息交流

一、实验分析

本实验的目的是通过对某一株植物进行干旱处理,然后观察与该株植物仅通过土壤条件连接在一起的另一株同种植物是否出现应对干旱的措施来探究植物间是否存在信息交流。本实验的关键在于对变量的处理以及检测植物应对干旱的生理特征。利用装有土壤的连接管连接花盆保证植物的根系之间不会直接接触,对照组则不利用连接管,保证植物之间无任何接触。利用植物关闭气孔减少水分散失的现象(即测量植物气孔的开放度)作为检测指标。

二、实验原理

干旱主要有三种类型:大气干旱、土壤干旱和生理干旱。本实验通过提高土壤溶液浓度影响植物吸水创造的干旱,属于生理干旱。植物的气孔能根据环境的变化做出最优化的反应,因此本实验通过测量气孔的开放度反映植物对干旱环境的应对。

脱落酸是一种植物激素,它在植物对逆境(如干旱)的适应中最为重要。脱落酸主要通过关闭气孔、保持组织内的水分平衡、增强根对水的透性来增加植物的抗性。脱落酸作为一种化学物质可能会借助土壤环境传递干旱信息。本实验通过将植物分盆种植,仅在根部用装有土壤的连接管连接的方式来探究植物间是否存在这种信息交流渠道。

三、实验准备

生长及健康状况相同的盆栽豌豆若干（干旱时气孔变化明显,叶片无毛易观察气孔）,高浓度甘露醇（高渗透压,提高土壤溶液浓度,创造生理干旱）,清水,连接管,指甲油（可用透明胶带替代）,显微镜,测微尺等。

四、实验步骤

1.取11株生长及健康状况相同的盆栽豌豆等距排列,记为实验组。11株豌豆编号为1~11,将6~11号植株在根部用装有土壤的连接管相通,1~5号的根部不做此处理（注意不要把植物的根放进连接管内）。另取11株生长及健康状况相同的盆栽豌豆按同样方式处理,记为对照组。

2.用高浓度甘露醇浇灌实验组的第6号植株,其余豌豆植株均用等量的清水浇灌（对照组所有植株均用等量清水浇灌）。

3.15 min后,每株植株取一定量叶片,用指甲油在叶背面均匀地轻涂一层,静置,待指甲油凝固后轻轻取下制成装片,在显微镜下观察并测量气孔的开放度。

4.统计并分析所得数据。

五、实验结果

气孔平均开放度(μm) \ 编号 \ 组别	1	2	3	4	5	6	7	8	9	10	11
实验组	11.5	10.8	12.1	11.3	11.5	6.9	7.9	8.3	9.1	9.9	10.4
对照组	12.1	11.8	10.2	10.3	10.8	10.4	11.1	10.9	11.5	11.8	11.4

> **分析**
>
> 与对照组相比,气孔开放度有明显差异的是实验组6~11号豌豆植株,其均比对照组6~11号的气孔小。实验组6号与对照组6号的差距最大,实验组7~11号,离实验组6号越远,与对照组的差距越小。

六、实验结论

实验表明，干旱胁迫下，植物会产生化学信号，该信号分子可以借助土壤在植物间传递，达到信息交流的作用。

> **拓展**
>
> 植物的生命活动调节是在环境、激素和基因三者共同协作下完成的。干旱胁迫植物产生化学信号，该信号分子是否一定为脱落酸，还需要测定受到干旱影响后根冠脱落酸含量的变化。一些研究表明，低温诱导植物开花的过程可能也和某些化学物质有关，这种化学物质能否作为信息传递给其他植物还有待进一步探究。

七、命题意图

本实验对应《课标》内容要求1.6.4：概述其他因素参与植物生命活动的调节。

本实验旨在考查学生设计实验的能力，同时要求学生能掌握实验设计的基本步骤及一般原则，能够将获取的实验数据整理成表格或曲线的形式，并对获得的数据进行合理分析，科学地解释问题并提出解决方案。

试题1：抗体

一、实验原理

人感染埃博拉病毒（EV）会引起致命的出血热。为了寻找治疗EV病的有效方法，科学家们进行了一系列研究。

1. EV表面的糖蛋白（EV-GP）作为_____刺激机体产生_____免疫反应。

2. 科学家们采集了多年前感染EV并已康复的甲、乙两人的血液，检测抗EV-GP抗体的水平。据图1，应选取_____的血液分离记忆B细胞用以制备单克隆抗体（单抗）。

3. 将制备的多种单抗分别与病毒混合，然后检测病毒对宿主细胞的感染率。据图2，抑制效果最好的两种单抗是_____。

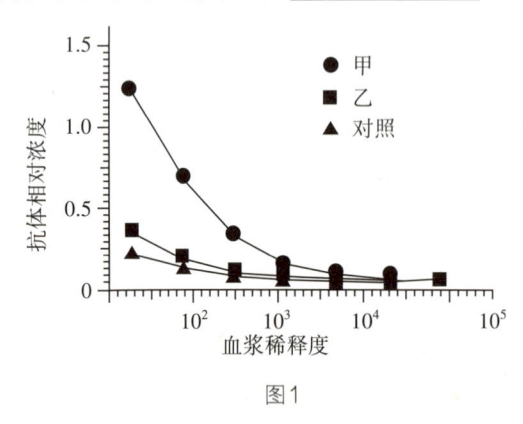

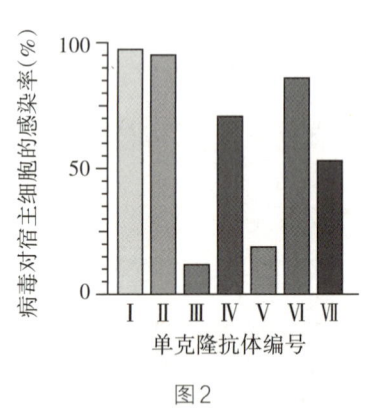

图1

图2

4. EV-GP具有多个与抗体结合的位点。为了研究上述两种单抗（分别称为A、B）与EV-GP结合的位点是否相同，可进行简要实验。

二、实验准备

EV-GP细胞，未标记的抗体，荧光标记抗体，离心机，荧光强度检测仪器等。

三、实验步骤和分析

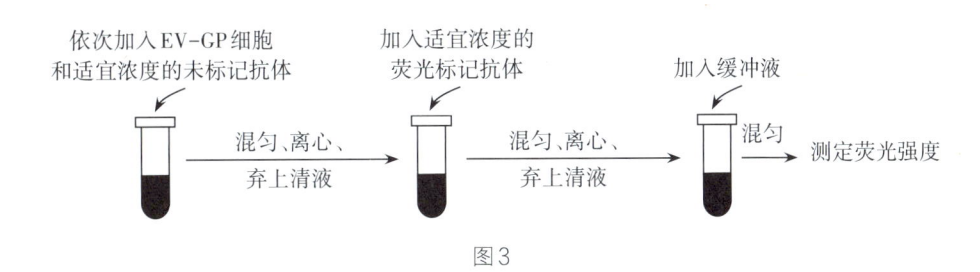

图3

1.（1）请将图3中应使用的抗体填入下表 i 、ii 、iii 、iv 处（填"A"或"B"或"无关抗体"），完成实验方案（一种即可）。

抗体\组别	未标记抗体	荧光标记抗体
实验组	i_____	ii_____
对照组1	iii_____	iv_____
对照组2	同ii	同ii

（2）若A、B与EV-GP结合的位点不同，与对照组1、2分别比较，实验组的荧光值应_____。

2.科学家用分子结构成像技术证实了A、B与EV-GP结合的位点不同。基于上述系列研究，请你为治疗EV病提供两种思路。

思路一：_____。

思路二：_____。

四、命题意图

本题以埃博拉病毒为例考查人体免疫系统的组成、体液免疫、细胞免疫及相关实验等知识，着重考查学生识记理解能力，根据联系相关知识点综合分析生活实际问题的能力，生物实验设计能力和分析数据得出结论的能力。

参考答案

一、实验原理

1. 抗原；特异性

2. 甲

3. Ⅲ和Ⅴ

三、实验步骤和分析

1.(1)方案一：ⅰB；ⅱA；ⅲ无关抗体；ⅳA

方案二：ⅰA；ⅱB；ⅲ无关抗体；ⅳB

(2)与对照组1基本相同，且明显高于对照组2

2.思路一：单独或共同使用A、B进行治疗

思路二：利用单抗制成靶向药物

思路三：针对EV-GP与抗体结合位点的结构研制新型药物

(答出两种思路即可)

试题2：验证PD-1/PD-L1免疫疗法具有治疗肿瘤的效果

一、实验原理

免疫细胞上有个带"锁眼儿"的"开关"：PD-1。一旦"开关"被打开，则其免疫职责失效。有的肿瘤细胞上有一种"免死钥匙"：PD-L1。"免死钥匙"的作用就是迷惑免疫细胞PD-1。因此PD-1和PD-L1的关系就是锁和钥匙的关系。

二、实验准备

生长状况相同的黑色素皮肤肿瘤小白鼠若干，PD-1抗体溶液（生理盐水配置），PD-L1抗体溶液（生理盐水配置），生理盐水，注射器等。

三、实验步骤

1. 将若干生长状况相同的黑色素皮肤肿瘤小白鼠均分成甲、乙、丙、丁四组。
2. 甲组小白鼠注射_____，乙组小白鼠注射_____，丙组小白鼠注射_____，丁组小白鼠注射等量的生理盐水。
3. 一段时间后，检测各组小白鼠肿瘤体积的大小和小白鼠的存活率。

四、实验结果和分析

1. PD-1是T细胞表面的一种受体，本质是一种_____，其被激活则免疫细胞能力受到抑制，肿瘤细胞的PD-L1与T细胞的PD-1结合，会抑制免疫系统的_____功能，因此可以通过注射相应抗体抑制PD-1和PD-L1的结合达到治疗肿瘤的目的。

2.若小白鼠肿瘤体积_____（甲、乙、丙、丁四组比较），小鼠存活率_____（甲、乙、丙、丁四组比较），说明PD-1/PD-L1免疫疗法具有治疗黑色素皮肤瘤的效果。

若小鼠肿瘤体积_____（甲、乙、丙、丁四组比较），小鼠存活率_____（甲、乙、丙、丁四组比较），说明PD-1/PD-L1免疫疗法治疗黑色素皮肤瘤的效果不佳。

五、实验拓展

1.除了使用本实验中的PD-1和PD-L1抗体,还可以使用_____来抑制PD-1与PD-L1的结合。

2.本实验中使用的PD-1/PD-L1免疫疗法,适合治疗哪种类型的肿瘤？

六、命题意图

本题考查学生对免疫调节等知识的理解能力,以及对生物学知识迁移、推理和应用的能力,同时提升学生生物学学科的核心素养。

> **参考答案**
>
> 三、实验步骤
>
> 2.PD-1抗体溶液；PD-L1抗体溶液；PD-1抗体溶液和PD-L1抗体溶液
>
> 四、实验结果和分析
>
> 1.蛋白质；免疫监视
>
> 2.丙<甲=乙<丁；丙>甲=乙>丁；甲=乙=丙≥丁；甲=乙=丙≤丁
>
> 五、实验拓展
>
> 1.PD-1或PD-L1的抑制剂
>
> 2.高表达PD-L1的肿瘤,比如非小细胞肺癌等

试题3:膜片钳技术

一、实验原理

膜片钳技术又称单通道电流记录技术,是用特制的玻璃微吸管吸取细胞表面,使该表面仅有少数离子通道,甚至只有单个离子通道。对膜片实行电压钳位,可测量单个离子通道开放产生的电流。通过观测单个离子通道开放和关闭的电流变化,可直接得到单个离子通道的功能参量,然后分析出这些功能参量与膜电位、离子浓度等之间的关系。利用该方法可以分别于不同时间、不同部位(膜内或膜外)施加各种浓度的药物,研究药物对离子通道功能可能产生的影响。

二、实验准备

培养的神经细胞若干,0.5 mmol/L 的药物 A 溶液,生理盐水,0.5 mmol/L 的 KCl 溶液等。

三、实验步骤

1. 取培养的神经细胞,使用膜片钳技术记录细胞局部膜电位 V_a。

2. 在玻璃微吸管吸取的局部细胞膜外表面滴加适量的 0.5 mmol/L 的 KCl 溶液,然后记录细胞局部膜电位 V_b;若 V_b 的绝对值小于 V_a 的绝对值,则继续下一步实验;否则重新选取神经细胞或神经细胞的其他位置,重复上述步骤,直到所测得的 V_b 的绝对值小于 V_a 的绝对值。

3. 将玻璃微吸管吸取的局部细胞膜外表面浸泡在生理盐水中,洗涤几次后滴加适量的 0.5 mmol/L 的药物 A 溶液,并记录膜电位 V_c。

四、实验结果和分析

1. 实验步骤2的目的是_____。

2. 若V_c的绝对值大于V_a的绝对值,说明药物A对钾离子通道起_____(选填"促进"或"抑制")作用;服用药物A可能导致神经细胞的兴奋性_____(选填"升高"或"降低")。

3. 若V_c的绝对值小于V_a的绝对值,说明药物A对钾离子通道起_____(选填"促进"或"抑制")作用;服用药物A可能导致神经细胞的兴奋性_____(选填"升高"或"降低")。

五、命题意图

本题以经典的膜片钳技术为切入点,主要考查学生对实验设计中自身对照的理解,以及兴奋在神经纤维上产生的机制及其影响因素。

> **参考答案**
>
> 四、实验结果和分析
>
> 1. 确保玻璃微吸管吸取的细胞区域中有钾离子通道
>
> 2. 促进;降低
>
> 3. 抑制;升高

试题4：脑科学

一、实验原理

多巴胺是一种重要的氨基酸衍生物类神经递质，它与帕金森病、注意缺陷多动障碍（主要表现为自主活动增多、学习记忆能力下降、注意力不集中等）等多种神经系统疾病密切相关。使用多巴胺荧光探针，能够实时、灵敏地监测多巴胺作用。

二、实验准备

20只4周龄小白鼠，0.2 mg/mL醋酸铅溶液（使小白鼠患注意缺陷多动障碍），蒸馏水，多巴胺荧光探针，Morris水迷宫等。

三、实验步骤

1.将20只4周龄小白鼠随机均分成模型组和对照组，对照组饲喂_____，模型组饲喂_____。

2.28天后通过测定小白鼠在Morris水迷宫中登陆的时间来表明_____。

3.使用多巴胺荧光探针检测模型组和对照组的小白鼠的脑部多巴胺浓度，分别记作C_a和C_b。

四、实验结果和分析

1.模型组小白鼠上岸时间_____对照组（选填"大于""等于"或"小于"），说明模型组小白鼠患注意缺陷多动障碍。

2.若模型组小白鼠的脑部多巴胺浓度C_a小于对照组小白鼠的脑部多巴胺浓度C_b，则说明_____。

3.若多巴胺浓度 C_a 和 C_b 没有明显差异,则说明_____;模型组小白鼠患注意缺陷多动障碍可能的原因是_____。(合理即可)

4.当多巴胺荧光探针结合多巴胺时,RFP蛋白就会发出红色荧光;当多巴胺荧光探针没有结合多巴胺时,RFP蛋白则不会发出红色荧光。多巴胺荧光探针能实时检测多巴胺变化的机理是_____。

五、命题意图

本题考查了学生设计实验和分析实验的能力。

> **参考答案**
>
> 三、实验步骤
>
> 1.蒸馏水;等量 0.2 mg/mL 醋酸铅溶液
>
> 2.小白鼠的记忆力和注意力
>
> 四、实验结果和分析
>
> 1.大于
>
> 2.小白鼠注意缺陷多动障碍是由于脑部多巴胺浓度偏低引起的
>
> 3.小白鼠注意缺陷多动障碍不是由于脑部多巴胺浓度偏低引起的;
>
> 小白鼠脑部多巴胺受体减少
>
> 4.神经递质和受体特异性结合

试题5:探究药物A能否通过激活T细胞发挥对脑肿瘤的治疗作用

一、实验原理

脑肿瘤在中国的发病率和死亡率位居前十位。随着肿瘤体积的不断增大,会对周围正常脑组织形成压迫,引起水肿,导致颅内压进一步增高,从而引起患者头痛,呕吐,肢体功能障碍,甚至昏迷等症状。传统的观点认为脑部缺乏典型的淋巴管系统,但现有关研究证实脑部淋巴管在调控T细胞抗脑肿瘤过程中起到了关键的作用。

二、实验准备

生长状况相同的脑肿瘤小白鼠若干,生理盐水配置的25 mmol/L药物A溶液,生理盐水,流式细胞仪等。

三、实验步骤

1. 将若干生长状况相同的脑肿瘤小白鼠_____为甲、乙两组。
2. 甲组小白鼠注射_____,乙组(对照组)小白鼠注射_____。
3. 一段时间后,检测小白鼠肿瘤体积的大小、颅内压,并统计小白鼠的生存率。
4. 通过流式细胞仪对甲、乙两组小白鼠的脑肿瘤进行T细胞的定量分析。

四、实验结果和分析

1. 由于肿瘤细胞表面的特定蛋白质可以与_____的受体结合,从而导致肿瘤细胞被裂解,故可以通过肿瘤体积大小来初步判断药物A的作用。

2. 为进一步确定药物是否是通过T细胞发挥作用,可以对肿瘤处进行T细胞的定量分析。

3. 若小白鼠的肿瘤体积和颅内压:甲组_____乙组(选填"大于""等于"或"小于"),生存率:甲组_____乙组(选填"大于""等于"或"小于"),T细胞数目:甲组_____乙组(选填"大于""等于"或"小于"),则证明该药物有效,且可能通过激活T细胞发挥作用;否则,该药物则无效或不是通过T细胞发挥作用。

五、实验拓展

除了本实验中用到的检测指标,还可以检测小白鼠的哪些参数?

六、命题意图

本题要求学生能对生物学问题做出合理解释,同时提升学生生物学学科的核心素养。

参考答案

三、实验步骤

1. 随机均分

2. 生理盐水配置的25 mmol/L 药物A溶液;等量的生理盐水

四、实验结果和分析

1. 细胞毒性T细胞

3. 小于;大于;大于

五、实验拓展

小白鼠的生理状态,比如肢体功能,饮食量等